»Terror« von Ferdinand von Schirach zählt zu den erfolgreichsten Theaterstücken unserer Zeit. Es behandelt einen Stoff von brisanter Aktualität: Wollen wir, dass die Würde des Menschen trotz der Terrorgefahr noch gilt? Der Fall des Kampfpiloten Lars Koch, der ein von Terroristen gekapertes Flugzeug mit Kurs auf die vollbesetzte Allianz Arena abschießt, ist in der Öffentlichkeit kontrovers diskutiert worden. Hat der Mann sich schuldig gemacht oder nicht?

In diesem Band widmen sich namhafte Expertinnen und Experten den politischen, juristischen, ethischen und künstlerischen Fragestellungen des Stücks. Sie beleuchten Hintergründe, schildern persönliche Erfahrungen, geben Denkanstöße. Ergänzt wird die Textsammlung durch Ferdinand von Schirachs Rede zur Eröffnung der Salzburger Festspiele sowie durch ein Gespräch mit dem Autor über Theater, Kritik und Gesellschaft.

BERND SCHMIDT wurde 1958 in Bochum geboren. Er studierte Theaterwissenschaft, Germanistik und Anglistik an der Freien Universität Berlin. Danach arbeitete er als Journalist und Redakteur bei verschiedenen Zeitungen und Zeitschriften und leitete das Berliner Bücherforum ex libris. 1985 trat er als Dramaturg in die Gustav Kiepenheuer Bühnenvertriebs-GmbH ein. Seit 2000 ist er geschäftsführender Gesellschafter des Bühnen- und Medienverlags.

# TERROR

## DAS RECHT BRAUCHT
## EINE BÜHNE

Essays, Hintergründe, Analysen

*Herausgegeben von Bernd Schmidt*

btb

# Inhalt

Bernd Schmidt

# *Vorwort*

Das Theater kann ein Ort magischer Momente sein, denn das Theater schafft – zuweilen mit den einfachsten Mitteln – eine Welt. Aber kann es die Welt auch verändern? Dann müsste es das Publikum nach der Vorstellung mit neuen Erkenntnissen und tatendurstig zurück ins Leben schicken.

Vielleicht ist das zu viel verlangt. Doch immerhin ist das Theater ein Ort, an dem sich allabendlich über gemeinsam Gesehenes diskutieren lässt. Theater wollen heute Orte für eine liberale Gesellschaft sein, sie verstehen sich als offene Räume der Zivilgesellschaft. »Als Orte demokratischer Streitkultur wirken Stadttheater in die Stadtgesellschaft hinein – und der Spaltung unserer Gesellschaft entgegen«, formulierte Staatsministerin Monika Grütters zum Auftakt ihrer Theaterreise 2019. Und im Mai 2020 – alle Theater haben den Spielbetrieb seit März eingestellt – fügt sie hinzu: »Was es in einer Demokratie geben muss, sind Orte öffentlichen Nachdenkens und Sicheinlassens auf die Sprache der Kunst.«

Das Theater ist ein Haus mit vielen Zimmern. Damit sind nicht nur die sehr unterschiedlichen Spielstätten gemeint, sondern auch die Dramaturgien, nach denen diese Räume bespielt werden. Es gibt leidenschaftliche Theatergänger, die einen Bedeutungsverlust des Theaters beklagen, die zu viel Selbstreferenzielles in den Spielplänen erkennen, zu wenig politisches Theater oder den Verlust von Geschichten.

Von außen betrachtet präsentiert sich das deutsche Theater politisch. Es positioniert sich. Es verändert sich mit Vehemenz auch in seiner inneren Struktur. Folgt man der Statistik des Deutschen Bühnenvereins, stellt man zudem fest, dass die Sonder- und Rahmenveranstaltungen der Theater erheblich erweitert wurden. In deutschen Theatern soll diskutiert werden. Es soll über Themen gestritten werden. In Zeiten der digitalen sozialen Medien und der *hate speech* kann das Theater als ein analoges soziales Medium die Rolle einnehmen, die wir von einem Ort der Begegnung erwarten. Dazu muss das Theater ein Ort der Vielstimmigkeit bleiben, der keine demokratische Stimme ausschließt und sich nicht stigmatisiert oder stigmatisieren lässt.

Mit Ferdinand von Schirachs Gerichtsdrama »Terror« hat das Theater weltweit mehr als eine halbe Million Zuschauerinnen und Zuschauer erreicht (der aktuelle Stand ist nachzulesen auf der Website www.terror.theater). Und es hat das Publikum auf allen fünf Kontinenten über Verfassungsfragen der Bundesrepublik Deutschland diskutieren lassen. Leidenschaftliche Debatten im Publikum, in Nachgesprächen, in eigens zum Stück angesetzten Veranstaltungen prägen die Rezeptionsgeschichte. Die Diskussionen wurden dabei sehr oft aus unterschiedlichen Blickwinkeln geführt: je nachdem, ob man das Stück unter juristischen, ethischen, militärischen, künstlerischen, politischen, philosophischen oder pädagogischen Aspekten betrachtete.

Es ergaben sich Gespräche, die schnell weiterführten zu Themen, die dem Stück innewohnen. Welche Verantwortung trägt die Politik? Wie beeinflussbar ist die Justiz? Was, wenn nicht mehr der Mensch entscheidet, sondern die Maschine? Wie kann der Rechtsstaat auf Terror reagieren, ohne die individuelle Freiheit des Einzelnen zu beschneiden? Wie sieht die Befehlsstruktur in der Bundeswehr aus? Wie mögen Verfassungsfragen der Bundesrepublik im Ausland diskutiert werden? Fragen wie diese leiteten sich ab aus der Grundfrage des Stücks, die Frage nach der Schuld oder Unschuld des Eurofighterpiloten Lars Koch, der ein gekapertes Linienflugzeug abschoss, um eine größere Anzahl von Leben zu retten.

»Ich gehe nicht oft ins Theater, aber ich wünsche mir mehr solcher Stücke«, schrieb der Filmemacher und Autor Alexander Kluge anlässlich der Doppelaufführung des Werks in Berlin und Frankfurt im Herbst 2015. Sehr deutlich ist damit ausgesprochen, dass nicht nur in zusätzlichen Veranstaltungen, sondern auch auf der Hauptbühne der Theater die Diskussion geführt werden solle. Diese Anthologie möchte mit den Beiträgen von Autorinnen und Autoren aus unterschiedlichen Fachrichtungen dazu beitragen, dass die Diskussion, die auf der Grundlage eines Theaterstücks begonnen wurde, fortgeführt wird. Sie möchte Beiträge liefern, die das Stück begleiten und über es hinausweisen, indem sie zuweilen exkursionsartig ausschweifen und doch zurück zum Stück finden.

Den Beiträgen voran steht aber Ferdinand von Schirachs Rede, die er 2017 anlässlich der Eröffnung der Salzburger Festspiele hielt. Am Beispiel Voltaires, der als Schriftsteller den Fall Calot erneut aufgreift und durch sein Beharren die Wahrheit ans Licht bringt, zeigt uns der Autor, wie mächtig der Einzelne sein kann. Das ist heute in Zeiten der Schwarmintelligenz und der Schwarmdummheit nicht einfacher als damals. Aber im Theater haben wir heute einen demokratischen Ort, an dem sich Geschichten erzählen lassen, und Geschichten – so von Schirach – »berühren uns mehr als philosophische Abhandlungen«. Wenn am Ende des Gerichtsdramas »Terror« das Publikum über die Unschuld oder Schuld des Piloten abzustimmen hat, so geschieht dies in einem fiktiven und idealisierten Rahmen. Das Publikum entscheidet über den Ausgang einer Geschichte. Und vor allem entscheidet es sich nach dem Austausch einer Vielzahl von Argumenten, es entscheidet nicht »aus dem Bauch« heraus. Für einen solchen Austausch sind unsere Stadt- und Staatstheater, unsere Landes- und Privattheater der ideale Ort.

»Terror« ist der erste Teil einer Theater-Trilogie, in der Ferdinand von Schirach dem Publikum gleich zu Beginn zu verstehen gibt, dass es am Ende des Stücks eine Entscheidung treffen solle. In dem der Salzburger Rede folgenden Interview gibt er Auskunft, warum er diesen dramaturgischen Weg gewählt hat. Auch im zweiten Stück der Trilogie – »Gott« –, dessen geplante Doppeluraufführung im April 2020 am Düsseldorfer Schauspielhaus und am Berliner Ensemble aufgrund der Corona-Maßnahmen und der damit verbundenen Schließung der Theater nicht stattfinden konnte, lässt er am Ende des Stücks das Publikum Antwort geben. In »Gott« geht es um die Frage, wie wir sterben wollen. Das Bundesverfassungsgericht hatte zum Recht auf ein selbstbestimmtes Sterben am 26. Februar 2020 eine wichtige Entscheidung getroffen. Aktueller hätte Theater zu diesem Zeitpunkt nicht sein können.

Beide Stücke stellen Fragen, die unser Leben, unser Sterben, unser Miteinander, unsere Gesellschaft und Verfassung tief berühren. Unabhängig von der Neugier, womit sich der dritte Teil seiner Theater-Trilogie beschäftigen wird, können wir davon ausgehen, dass unsere Theater der richtige Ort sind, um diese Fragen intensiv, analog und miteinander zu diskutieren. »Könnte nicht genau das es sein, was uns als europäische, als westliche Gesellschaft heute ausmachen sollte: nicht der zwanghafte Konsens, sondern dass wir den friedlichen Dissens aushalten?«, schreibt Ferdinand von Schirach in »Gott«.

Das Theater kann ein Ort magischer Momente sein. Der Regisseur Héctor Manrique, der »Terror« in Venezuela inszenierte, berichtete, dass in seinem von Korruption und Misstrauen gegenüber den öffentlichen Institutionen durchdrungenen Land vor jeder Vorstellung zwei Zuschauer gebeten wurden, als Zeugen die genaue Stimmenauszählung zu überwachen. So habe das Theater allabendlich eine Demokratie vorgelebt, die es im Land nicht mehr gebe. »Die Entdeckung der enormen Heilkraft, die eine korrekt angewandte Justiz auf die Gesellschaft ausüben kann, war ohne Zweifel sehr ergreifend, ja erschütternd«, schrieb er. Das Publikum habe gestritten und gejubelt. Und das Theater einen Sieg errungen.

Das Recht braucht eine Bühne.

Ferdinand von Schirach

# *Salzburger Rede*

Die Festspiele zeigen Gesichter der Macht. Die Macht der Vergebung, die Macht der Besiegten, die Macht der Frauen und die der Gewalt. Es ist ein Programm für unsere Zeit. Stefan Zweig beschreibt in »Die Welt von Gestern« eine Szene, an die ich in diesen Tagen immer wieder denken muss. Er sitzt auf einer Bank im Badener Kurpark bei Wien, wie immer ein wenig abseits der Menge. Die Frauen tragen helle Sommerkleider, der Tag ist lind und wolkenlos und von sattem Grün. Er liest und hört, halbbewusst nur, der Kurkapelle zu. Plötzlich bricht die Musik mitten im Takt ab.

»Instinktiv sah ich vom Buche auf. Auch die Menge, die als eine einzige flutende helle Masse zwischen den Bäumen promenierte, schien sich zu verändern; auch sie stockte plötzlich in ihrem Auf und Ab. Es musste sich etwas ereignet haben.« Das Ereignis, von dem Zweig spricht, gilt als Auslöser des Ersten Weltkriegs, es war die Ermordung des österreichischen Thronfolgers.

Heute stehen wir wieder an einer Schwelle. Wieder geht es um Macht, aber jetzt ist sie ganz anderer Natur, sie wurde von den Librettisten der Opern nicht beschrieben. Sie ist unsere höchste Autorität, sie wurde zur Grundlage aller modernen Staaten, und sie lässt sich in einem einzigen Satz zusammenfassen: »Alle Macht geht vom Volke aus.« Nach langer Dunkelheit war das die eine strahlende, die ganz und gar menschenfreundliche Idee – und zugleich kann sie alles zerstören, was wir sind.

Heute gibt es rasend schnelle Äußerungen über Facebook, WhatsApp und Instagram, auf den Nachrichtenportalen der Zeitungen kann jeder alles kommentieren, Meinungsumfragen werden in kürzester Zeit erstellt. Die Politiker haben längst begonnen, damit zu arbeiten. Vor wenigen Jahren noch fanden die entscheidenden Debatten in unseren Parlamenten statt, dann wurden Fernsehtalkshows zum wichtigsten öffentlichen Forum, und jetzt regiert ein amerikanischer Präsident praktisch via Twitter – Millionen Menschen lesen jeden Tag seine ungezügelten Gedanken. Das Internet hat das Gefüge der Demokratien schon grundlegend verändert. Aber das Entscheidende ist: Die Bürger sind nicht mehr nur Empfänger von Nachrichten, sie wurden zu sehr mächtigen Sendern. Revolutionen sind nicht mehr nötig – nie zuvor haben Menschen so mühelos ihre Stimme erheben können, nie zuvor wurden sie so deutlich gehört. Noch scheint das Schrille, das Vulgäre und Bösartige in den Kommentaren zu überwiegen, politische Karrieren werden so in ein paar Stunden beendet, Belanglosigkeiten zu Staatsereignissen stilisiert. Aber auch viele Nachdenkliche fordern heute in den westlichen Staaten, die Wähler unmittelbar an politischen Entscheidungen zu beteiligen. Die Bürger glauben, sie könnten es besser als ihre gewählten Politiker. Es sei ihr Staat, sagen sie, nur sie wüssten wirklich, was für sie gut und richtig ist. Volksentscheide sollen jetzt im großen Umfang möglich werden.

Die Medien, die Wege sind neu, ja, aber die Idee einer umfassenden Bürgerbeteiligung ist schon sehr alt. Athen war bereits vor 2500 Jahren eine solche absolute Demokratie. Und schon lange vor dem Begriff Schwarmintelligenz glaubte Rousseau, der Volkswille würde stets die richtige Entscheidung treffen. Seine Souveränität, schrieb er, könne nicht vertreten werden. Jedes vom Volk nicht persönlich ratifizierte Gesetz sei nichtig. Technisch wäre eine ständige Mitbestimmung heute wohl kein Problem – man kann sich eine BundesApp vorstellen, durch die der Bürger sich abends nach der Tagesschau zur Politik erklärt. Und nach Rousseau können ja Trump, Putin, Erdoğan oder der Brexit gar nicht falsch sein – eben weil die Menschen sich so entschieden haben. Aber stimmt das wirklich? Oder lehrt uns die Vergangenheit doch etwas ganz anderes? Erlauben Sie mir, Ihnen dazu eine Geschichte zu erzählen.

Am 13. Oktober 1761 sitzt Jean Calas mit seiner Familie und einem Gast beisammen. Es ist ein netter Abend, man isst gut, unterhält sich über die Geschäfte und die Politik. Calas ist ein erfolgreicher Kaufmann in Toulouse.

Der älteste Sohn der Familie, damals 28, verlässt die Gesellschaft gegen halb neun. Vor zwei Jahren hat er sein Jurastudium beendet, Anwalt durfte er jedoch nicht werden. Er sei der Sohn eines dogmatischen Hugenotten, hieß es – die Behörden verweigerten die Zulassung. Die Calas sind zwar katholisch getauft, aber sie praktizieren den protestantischen Glauben. Das spielt in Toulouse eine wichtige Rolle. Die Stadt ist die Hochburg des Antiprotestantismus, Calas gehört zur Minderheit.

Kurz vor 10 Uhr bringt Callas den Gast nach unten. Das Kontor ist im Erdgeschoss, die Tür dorthin steht offen. Im Türrahmen hängt der Sohn tot an einem Strick. Der Vater schneidet ihn los und legt den Leichnam zu Boden.

Die Ermittlungen beginnen noch in der Nacht. Jean Calas erklärt, er sei sich sicher, dass sein Sohn ermordet wurde.

Vier Tage später müssen die Katholiken den Priestern Auskunft zu dem Verbrechen geben – Verweigerung wird mit Exkommunikation bestraft. Das Ergebnis der Befragung ist erstaunlich: Der Sohn habe sich zum katholischen Glauben bekennen wollen und der Vater gedroht, ihn dafür umzubringen. Es finden sich jetzt sogar Zeugen, die aussagen, der Sohn habe in der Nacht um Hilfe gerufen.

Die Kirche lässt den Toten öffentlich aufbahren und erklärt ihn zum Märtyrer des katholischen Glaubens. Das bringt die Stimmung in der Stadt vollends auf. Alle sind sich einig: Der Mörder ist Calas selbst. Niemand zweifelt an seiner Schuld.

Am 9. März 1762 wird er zum Tod auf dem Rad, seine Frau, sein Sohn und der Gast zum Tod am Galgen und die Haushälterin zur lebenslangen Freiheitsstrafe verurteilt. An

Calas wird schon einen Tag später das Urteil vollstreckt. Nur mit einem Hemd bekleidet, barfuß und mit einem Strick um den Hals, wird er wie ein Stück Vieh durch die Straßen der Stadt gezogen. Dann wird er auf ein Rad geflochten und gefoltert. Seine Arme, seine Beine und sein Rückgrat werden gebrochen. Er soll den Mord gestehen, aber Calas schreit immer wieder, er sei unschuldig. Schließlich wird er erhängt, seine Leiche auf dem Scheiterhaufen verbrannt.

Immerhin sind die Richter von seiner Haltung beeindruckt, sein fehlendes Geständnis rettet den anderen das Leben. Ihre Strafen werden erlassen, nur der Sohn wird lebenslang verbannt.

Der Fall Calas hätte an dieser Stelle zu Ende sein können, es gab so etwas öfters. Aber dann geschieht etwas völlig Unerwartetes, etwas, was Stefan Zweig eine Sternstunde der Menschheit genannt hätte. Ein einzelner Mann erhebt sich und verändert die Geschichte. Seine Waffen sind nur sein brillantes Gehirn, seine unglaubliche Arbeitskraft, seine Abscheu vor der Ungerechtigkeit und sein Glaube an das Recht. Er hält »die Toleranz für das heiligste der Menschenrechte«. Es ist Voltaire.

Das ganze gebildete Europa liest seine Bücher, er war Gast von Königen und Kaisern, wurde verbannt, saß im Gefängnis und legte sich mit der Kirche an. Er ist elegant, skeptisch, sarkastisch, und vor allem ist er stur. Das Sture, meine Damen und Herren, das Unbeugsambleiben, das ist ja oft ein Schlüssel. In der Rechtswissenschaft ist die sogenannte »herrschende Meinung« das Maß der Dinge – in der Kunst, der Literatur, der Philosophie und in gewisser Weise auch in der Strafverteidigung ist sie es nicht. Im Gegenteil. Noch nie ist ein Kunstwerk demokratisch entstanden, noch nie beruhte ein bedeutendes Buch auf Kompromissen, und Prozesse werden nicht dadurch gewonnen, dass alle einer Ansicht sind. Voltaire wusste, dass es eben nicht nur eine Schwarmintelligenz gibt, sondern auch eine Schwarmdummheit, eine Schwarmbösartigkeit und eine Schwarmgemeinheit.

Voltaire ist schon ein alter Mann, als er von dem Fall Calas hört. Er trifft den jüngsten der Calas-Söhne, und der erzählt ihm die Wahrheit: Sein Vater habe sofort erkannt, dass sein Junge Selbstmord begangen habe. Aber damals wurden Selbstmörder nackt an den Fersen durch die Straße geschleift, dann als Verbrecher aufgehängt und mit Steinen beworfen. Diese Entehrung wollte Calas ihm ersparen, und deshalb habe er gelogen.

Voltaire ist entsetzt. Er schreibt hunderte Briefe, wütende, anklagende Briefe an das Gericht, den Hof, an Honoratioren, Grafen und Herzöge und unterrichtet sogar Madame Pompadour, die Geliebte des Königs. Die Antworten sind verhalten – es klingt fast wie heute: Man habe weder die Informationen noch die Mittel, etwas zu unternehmen.

Voltaire begreift, dass er seine Strategie ändern muss – und endlich tut er das, was ein guter Schriftsteller immer tun sollte: Er erzählt eine Geschichte. Geschichten berühren uns mehr als philosophische Abhandlungen und Bittbriefe. Voltaire schreibt über einen englischen Kriminalprozess, in dem eine sehr erotische Frau auftritt und dann auf mysteriöse Weise verschwindet. Ein Gelehrter klärt das Verbrechen auf. Die Geschichte beruht auf Tatsachen, ist aber viel interessanter als die Wirklichkeit. Und damit deutlich wird, dass es eigentlich um Calas geht, lässt Voltaire zwei Anwälte ein Nachwort über seinen Fall schreiben. Es funktioniert – erotische Frauen kamen schon damals gut an, das Büchlein kostet nicht viel, es wird zum Verkaufsschlager.

Der Druck wird für die Gerichte zu groß. Der Conseil d'État tritt zusammen und beschließt das Wiederaufnahmeverfahren. Es dauert noch zwei Jahre, bis der Kampf endgültig gewonnen ist, aber dann wird Calas rehabilitiert. Es war das erste Urteil in Frankreich, das aufgehoben wurde, und darüber hinaus lässt sich Voltaires Eingreifen als der eigentliche Beginn der Aufklärung begreifen. Sein Handeln war ein Trotzdem, trotz der herrschenden Moral, trotz des Justizsystems und vor allem: trotz der öffentlichen Meinung.

Vielleicht denken Sie jetzt, wir leben doch in ganz anderen Zeiten. Heute ließe sich der Bürger nicht von Emotionen leiten, sondern von dem, was gerecht und vernünftig ist. Volksentscheide würden zu richtigen Ergebnissen führen. Ich fürchte, die Wirklichkeit ist weit davon entfernt. Social Bots, also kleine Programme, die so tun, als seien sie Menschen, sind selbstständig in der digitalen Welt unterwegs. Sie sind leicht zu programmieren, innerhalb von Sekunden können sie tausende Kommentare schreiben und so die Stimmung im Internet verändern. Sie wurden beim Brexit, in der Ukraine und im amerikanischen Wahlkampf eingesetzt. Nach einer Studie der Universität Oxford soll etwa jeder dritte Follower von Clinton und Trump ein solcher Social Bot gewesen sein. Das Büro für Technikfolgen-Abschätzung beim Deutschen Bundestag erklärt in einer Studie, Menschen, die mit Social Bots kommunizieren, würden diese als wirkliche Personen wahrnehmen. Die meisten 18- bis 29-Jährigen bevorzugen bereits heute die sogenannten sozialen Medien, um sich über das Tagesgeschehen zu informieren. 2016 gaben in Deutschland 57 Prozent der Facebook-Nutzer an, sie würden sich hauptsächlich bei ihren Facebook-Freunden über die Politik informieren. Und wenn ich Sie jetzt bitte, sich einen Mann mit Hut vorzustellen, können Sie gar nicht anders – Sie haben jetzt tatsächlich meinen Mann mit Hut in Ihrem Kopf. Unsere Welt funktioniert so, weil unsere Gehirne so funktionieren. Wir trinken einen bestimmten Kaffee, weil wir lässig wie George Clooney sein wollen, wir benutzen eine Creme, weil Gisele Bündchen so hinreißend aussieht, und wir kaufen ein unbequemes Auto ohne Dach, weil wir an Werbebilder glauben, die uns Freiheit versprechen. Wir wissen heute, dass den englischen Wählern ganz überwiegend nicht klar war, welche Folgen der Brexit hat.

Bei anderen Fragestellungen wird es nicht einfacher werden. Stellen Sie sich nur einmal vor, am Tag nach dem Sexualmord an einem Kind würde über die Wiedereinführung der Todesstrafe abgestimmt – die Mehrheit der Menschen wäre sicher dafür. Oder denken Sie an unsere Geschichte – was tun, wenn die Demokraten einen Tyrannen wählen? Wann soll eine Sachentscheidung über eine Mehrheitsentscheidung gestellt werden? Wann muss sie es? Oder zählt

Ethik nichts gegen den Bürgerwillen? Und, falls doch, wer soll bestimmen, was diese Ethik ist? Was, meine Damen und Herren, hilft noch, wenn die Mehrheit sich, wie so oft in der Geschichte, wieder für das Falsche, für das Furchtbare und Dunkle entscheidet?

Es ist töricht zu glauben, Zivilisation, Kultur oder Bildung würde uns retten. Noch nie konnte Literatur, Musik oder Kunst den Volkswillen aufhalten. Aber vielleicht kann uns etwas anderes schützen: Als sich unser Bewusstsein entwickelte, sprach ja nichts dafür, dass wir einmal etwas anderes tun würden als unsere Vorfahren, die Affenmenschen. Wäre es nach den Regeln der Natur gegangen, hätten wir unsere erweiterten Fähigkeiten nur dazu benutzt, die Schwächeren zu töten. Die Mehrheit hätte immer weiter die Minderheit ausgerottet. Aber wir taten etwas anderes. Wir gaben uns selbst Gesetze, wir erschufen eine Ethik, die nicht den Stärkeren bevorzugt, sondern den Schwächeren schützt.

Vor 3000 Jahren hat der Perserkönig Kyros die Sklaven befreit, er erklärte zum ersten Mal, alle Menschen dürften ihre Religion frei wählen, sie seien trotz unterschiedlicher Herkunft gleich zu behandeln. Kyros' Gesetze wurden auf einen Tonzylinder geschrieben, und heute stehen sie in den ersten vier Artikeln der Allgemeinen Erklärung der Menschenrechte. Oft genug verlieren wir ja, immer wieder fallen wir zurück ins Dumpfe und Tierische. Aber die Magna Carta, die Erklärung der Bürgerrechte, die Bill of Rights – das sind unsere Siege über uns selbst. Für sie gab es kein Vorbild, nichts deutete in der Natur darauf hin, und genau das ist es, was uns im eigentlichen, im höchsten Sinn menschlich macht: die Achtung vor unserem Nebenmenschen.

Wenn wir heute wieder bereit sind, das aufzugeben – weil manchen eine absolute direkte Demokratie einfacher oder gerechter erscheinen mag –, sind wir verloren. Und das ist keine Übertreibung, wir sehen es jeden Tag. Der Volkszorn ist unberechenbar, er ist wild und brutal und kann jederzeit aufgestachelt werden, eine kleine Kränkung reicht dafür aus. In der Türkei wurden vor ein paar Wochen niederländische Flaggen verbrannt und Orangen zerstochen, weil türkische Politiker dort keinen Wahlkampf führen durften. Das mag albern erscheinen, aber gemeint waren ja nicht Flaggen oder Orangen, sondern das Land und die Menschen. Natürlich stimmt es: Wir werden nicht immer von Weisen regiert. Aber so, wie das Ziel der Rechtsprechung nicht Gerechtigkeit, sondern Rechtssicherheit ist, ist das Prinzip unseres Parlamentarismus nicht die Herrschaft der Besten, sondern die Möglichkeit, Regierungen friedlich wieder abzuwählen. Dagegen sind Volksentscheide, wie Theodor Heuss einmal sagte, eine »Prämie für jeden Demagogen«.

Unser einziger sicherer Halt, meine verehrten Damen und Herren, sind die Verfassungen der freien Länder. Auch wenn es langweilig klingt: Nur ihre komplizierten Regeln, nur ihre Ausgewogenheit und Langsamkeit, nur das, was die Amerikaner »checks and balances« nennen, ordnen unsere schwankenden Gefühle, sie lehnen Wut und Rache als Ratgeber ab, sie achten den Schwächeren, und am Ende sind sie es, die uns vor uns selbst schützen.

Vielleicht fragen Sie sich, weshalb ich ein Theaterstück geschrieben habe, in dem das Publikum ein Urteil fällen soll, wenn ich doch gegen Volksentscheide bin. Theater und Literatur haben ganz andere Aufgaben als Politik und Justiz. Im Theater begegnen wir uns selbst, unseren Reflexen, Gefühlen, Gedanken. Wir ringen mit uns, sind hin- und hergerissen, wir streiten, zweifeln, verwerfen und suchen nach der richtigen Lösung. Das Theater wird so zu einem Forum, auf dem die »res publica«, die öffentliche Sache, verhandelt wird. Die Abstimmung dient nur der Anregung, nicht mehr und nicht weniger. Ich habe erlebt, wie Zuschauer nach der Aufführung nicht zum Essen gingen, sondern im Foyer blieben und weiter miteinander diskutierten. Jeder wusste natürlich, dass er nicht wirklich über die Schuld eines Menschen entschieden hatte. Aber alle redeten über den Staat, über unsere Gesellschaft und unsere Zukunft, die Verfassung wurde plötzlich lebendig. Das genau ist es, wofür ich schreibe, für diesen Moment, der alles ermöglicht. Ich bin davon überzeugt, dass es ein Band zwischen dem Schreibenden und dem Lesenden gibt, beide gehören zu der gleichen Gemeinschaft. Das Theater, die Oper, die Bücher gehören uns, wir müssen sie verteidigen gegen die Populisten und ihre Worthülsen.

Albert Camus sagte 1957: »Die Kunst ist in meinen Augen kein einsiedlerisches Vergnügen. Sie ist ein Mittel, die größtmögliche Zahl von Menschen anzurühren.« Ich glaube, sie kann das noch immer. Und vielleicht, gerade heute, in einer Zeit, in der die Welt aus den Fugen ist und einzustürzen droht, muss sie es auch.

Meine verehrten Damen und Herren, Rousseau irrte sich, seine Ideen endeten im Terror. Kein Mensch, auch nicht der Wähler, ist im Besitz der Wahrheit, unsere Zukunft ist niemals alternativlos – im Gegenteil, sie ist offen. Wir können – und dürfen – deshalb nur kleine Schritte gehen, jede Veränderung muss korrigierbar sein. Einfache Wahrheiten gibt es nicht, sie gab es noch nie, und Schwarmintelligenz, zumindest in der Politik, ist am Ende nur ein weiterer Modebegriff für die hässliche Macht des Stärkeren. Tyrannei entsteht durch die Aufhebung der Gewaltenteilung. Und dabei ist es ganz gleichgültig, ob das – wie in der Oper – ein Tyrann selbst tut oder ob es der angebliche Wille des Volkes ist. Gerade in diesen aufgeregten Zeiten müssen wir also das Recht gegen die Macht stellen. Sonst werden wir eines Tages aufsehen, weil die Musik mitten im Takt abbricht, die heiteren Spaziergänger werden verschwinden, die leichten Sommerkleider und die hellblauen Tage. Und dann, ganz am Ende, verschwinden wir selbst.

*Festrede von Ferdinand von Schirach zur Eröffnung der Salzburger Festspiele 2017*

Ferdinand von Schirach
im Gespräch mit Detlev Baur

# »*Als Helden bleiben nur das Recht und die Moral.*«

*Über das Theater, die Kritik und die Gesellschaft*

*Herr von Schirach, wie ist es zu dem Stück »Terror« gekommen?*
Ursprünglich wollte ich für den *Spiegel* einen Essay über Terrorismus schreiben. Aber es wurde zu komplex. Es funktionierte einfach besser, wenn ich mit jemandem darüber sprach. Sehen Sie, ein Problem des Journalismus ist, dass Texte kaum je zu einem Gespräch führen. Es wird zwar in den Zeitungen immer von »Debatten« gesprochen, aber tatsächlich sind es nur drei, vier Journalisten, die etwas über ein Thema schreiben. Vor einigen Jahren schrieb ich zu dem Fall des Kindermörders Gäfgen im *Spiegel*, dass ich glaube, es sei immer falsch, Folter anzudrohen. Einen Tag später bekam ich weit über 1000 E-Mails, in denen mir selbst Fol-

ter angedroht wurde. Das ist kein Gespräch. Es verändert nichts. Demokratie aber braucht die Diskussion, es ist ihr Wesen.

*Die dramatische Form ergab sich für Sie also aus dem Stoff...*
Ich wollte, dass wir darüber reden, wie wir leben wollen. Der Terrorismus ist die größte Herausforderung unserer Zeit, er verändert unser Leben, unsere Gesellschaft, unser Denken. Es ist eben gerade keine juristische Frage, wie wir damit umgehen. Es ist unsere ethisch-moralische Entscheidung. Ein Gerichtsverfahren eignet sich für die Bühne, weil im Grunde jedes Strafverfahren einem Bühnenstück ähnlich ist. Es folgt einer Dramaturgie, Theater und Gericht haben nicht zufällig die gleichen Ursprünge. Auch heute »spielen« die Beteiligten in einem Gericht die Tat nach – natürlich nicht durch Handlungen, aber durch Sprache.

*Die Gerichtsverhandlung im Stück dreht sich darum, ob ein Kampfjetpilot ein entführtes Zivilflugzeug abschießen durfte. Er wollte verhindern, dass es auf ein voll besetztes Fußballstadion gelenkt wird. Der Pilot ist des vielfachen Mordes angeklagt, obwohl er möglicherweise viele tausend Menschenleben gerettet hat. Sie beziehen sich in dem Stück eigentlich auf ein Urteil des Bundesverfassungsgerichts von 2006 und spielen vor dem Hintergrund einer immer realer erscheinenden Bedrohung durch Terror einen fiktiven Fall durch. Durch die grundsätzliche Erörterung vor Gericht stellen Sie aber auch die weitreichende rechtsphilosophische Frage nach der Macht über Leben und Tod anderer Menschen.*

Jede bedeutende Frage hat einen historischen Bezug. Wir sind nie die Ersten, die über etwas nachdenken, alles ist mit unserer Geschichte, unserer Zivilisation verwoben. Das Theater war von Anfang an ein Spiegel der Gesellschaft – wie die Gerichte ja auch. In der attischen, also der absoluten Demokratie ähnelten sich Gericht und Theater mehr als heute. Beide hatten nur die eine Aufgabe: Sie sollten der Selbstversicherung der Menschen dienen und den gefährdeten Staat stärken. Erst viel später, erst in Rom wurde das Recht wissenschaftlich. Das hatte natürlich Vorteile, die Gerichte wurden berechenbarer, sie verloren ihre Willkür. Aber die Griechen wollten etwas ganz anderes. Vermutlich waren sie das einzige Volk, das seine Gerichtsverfahren liebte. Es ging ihnen ausschließlich um die Kraft des Arguments. Die Bürger standen sich direkt gegenüber, es gab keine Anwälte und Staatsanwälte, dafür aber 6000 Richter bei nur 30000 Einwohnern. In einer kleinen Gesellschaft ist das möglich, heute wäre es undenkbar – und sehr gefährlich. Und das Theater der Griechen behandelte die gleichen Fragen wie die Gerichte.

*Die »Orestie« mündet ja auch in das große Finale einer Gerichtsverhandlung. Dieser griechisch-demokratische Rechtsgedanke liegt auch dem Stück »Terror« zugrunde?*
Das Bedeutende an der »Orestie« ist der Übergang von der Rache hin zu einem geordneten Gerichtsverfahren, die Erinnyen können so besänftigt werden. In einem Theater kann das Publikum den Ausgang des Stücks beeinflussen. Nicht Wut oder Hass bestimmt den Ausgang, sondern Überlegung

und Diskussion. Vielleicht ist das eine Ähnlichkeit. Das Theater ist dort dem Kinofilm auch überlegen. Wenn man als Schriftsteller darüber nachdenkt, was man aus dieser einzigartigen Konstellation machen kann, dann liegt es nahe, das Publikum abstimmen zu lassen. Das Ergebnis wird am nächsten Tag wieder anders ausgehen, weil es andere Menschen sind, sie gehen ins Theater mit anderer Vergangenheit, anderen Wünschen und anderen Hoffnungen. Das kann interessant sein. Und wenn am Anfang eines Stücks gesagt wird, Sie müssen als Zuschauer am Ende eine Entscheidung treffen, werden Sie ganz anders zuhören. Sie wollen moralisch und fair entscheiden, Sie wollen das Richtige tun. Aber was ist das Richtige? Diese Frage stellt das Stück.

*Sie sehen das Theater also als ein Ort des Gesprächs?*
Das ist das Beste, was Theater kann.

*Für ein neues Stück war »Terror« außergewöhnlich erfolgreich; es wurde sogleich von vielen Theatern gespielt, wird auch sehr gut besucht und kommt beim Publikum bestens an. Ich habe es selbst nach der Berliner Uraufführungspremiere erlebt, dass die Zuschauer nicht über die Inszenierung, sondern über den Inhalt der Verhandlung diskutiert haben.*
Sie haben recht, es ist kein Regietheaterstück. Das Stück ist ziemlich robust, weil es um Ideen geht. Die Helden des Stücks sind nicht der Angeklagte, der Verteidiger, die Staatsanwältin oder der Richter. Im Gegenteil. Umso besser die Schauspieler sind, umso mehr treten sie hinter ihre Rolle

zurück. Auch ich als Autor verschwinde ganz. Als Helden bleiben dann, wenn man so will, nur das Recht und die Moral übrig. Das ist das Ziel. Die Zuschauer abstrahieren von den Schauspielern. Sie unterhalten sich nicht darüber, wer an dem Abend besonders gut gespielt hat, sondern diskutieren, was der Verteidiger gesagt hat und ob das richtig sein kann. In Düsseldorf in der Premiere stellte die Staatsanwältin eine Frage, und ein Zuschauer rief aus dem Publikum: »Die Frage ist unzulässig.« Natürlich wissen die Besucher, dass sie im Theater sind, aber sie nehmen ihre Rolle als Schöffen ernst. Uns allen ist durch die Anschläge in New York, Madrid, Paris und Brüssel klar geworden, dass wir uns diese Fragen stellen müssen. Wir suchen nach einer Lösung aus dem Dilemma.

*Hat es Sie überrascht, dass es anfänglich in den Aufführungen immer Freisprüche gab?*
Nein. Es ist ja unser erster Impuls, dass wir sagen, es ist besser, wenige Menschen zu opfern, um viele zu retten. Das entspricht unserem normalen Leben. Überall entscheiden wir uns für das kleinere Übel. Mich hat es überrascht, dass 40 Prozent der Zuschauer die sehr komplexen Argumente der Staatsanwaltschaft für richtig halten. Das spricht für die Aufgeschlossenheit der Theaterbesucher. Die Abstimmungen gehen fast immer 60:40 für Freispruch aus. Eigentlich kommt es aber gar nicht darauf an, ob wir den Piloten verurteilen oder freisprechen; es kommt darauf an, dass wir uns klar werden, wie drängend diese Fragen sind.

*Mein Impuls beim Lesen war am Anfang: Freispruch. Und dann wendet sich das Blatt, sicher auch durch die Dramaturgie des Stücks. Ich hatte dann schon erwartet, dass das eher linksliberale Theaterpublikum mehrheitlich zu einer Verurteilung kommen würde. Aber vielleicht habe ich da auch die Präsenz der Darsteller und die sinnliche Wirkung des Theaters unterschätzt.*

Mich freut am meisten, dass viele Menschen in das Stück gehen, die sich sonst nicht mehr für das Theater interessieren.

*Wie viele Inszenierungen haben Sie gesehen?*

Zehn. Mittlerweile gibt es 40 Premieren, ich würde sie alle gerne sehen, aber das schaffe ich einfach nicht. Vielleicht kann ich mir noch Aufführungen im Ausland ansehen. Die Premieren in Kopenhagen, Tel Aviv und Tokio würde ich zum Beispiel gerne sehen.

*Haben Sie eine Lieblingsinszenierung?*

Ich habe mich über jede Premiere unglaublich gefreut. Stellen Sie sich vor, Sie schreiben nachts an Ihrem Schreibtisch ein Stück, und dann spielen es die besten Schauspieler auf den größten Bühnen. Es ist ein unvergleichliches Glücksgefühl. Das Stück wirkt vielleicht am intensivsten bei einer zurückhaltenden Inszenierung. Die Besucher wollen nachdenken, sie wollen sich konzentrieren können. Aber das ist letztlich Sache des Regisseurs. Kunst muss auch verändern dürfen.

*Haben Sie die insgesamt eher reservierte Reaktion des Feuilletons und der Kritik auf Ihr Stück überrascht?*

Es ist die Aufgabe der Kritiker zu kritisieren, das ist ihr Beruf. In den 1920er-Jahren war der Theaterkritiker der wichtigste Mann in der Tageszeitung. Er war sehr nah am Publikum. Die Leser wollten wissen, wo sie abends hingehen sollen, und das sollte der Kritiker ihnen erklären. Das hat sich vielleicht geändert. Aber ein Schriftsteller sollte nicht seine Kritiker beurteilen.

*Fühlen Sie sich missverstanden?*

Überhaupt nicht. Ich freue mich so, wenn über das Stück diskutiert wird. Sehen Sie, im Oktober wird die Verfilmung von »Terror« im Fernsehen ausgestrahlt. Florian David Fitz, Martina Gedeck, Burkhart Klaußner, Lars Eidinger sowie Jördis Triebel und Rainer Bock spielen mit. Lars Kraume, der eben für »Der Staat gegen Fritz Bauer« alle Preise gewann, führte Regie. Das Stück wird in Deutschland, Österreich und der Schweiz gleichzeitig übertragen. Danach wird in den einzelnen Ländern abgestimmt, und es findet jeweils eine Talkshow statt. Ich durfte am Rand ein wenig mitarbeiten, es war für mich ein Geschenk. Ich schreibe ja ausschließlich für das Publikum, nicht für die Kritiker.

*Wie ist denn Ihre Verbindung zum Theater bisher? Waren Sie ein regelmäßiger Theatergänger?*

Als ich 15 Jahre alt war, durfte ich im Theater des Internats den Leonce in Büchners »Leonce und Lena« spielen. Und dort, auf der Bühne, habe ich zum ersten Mal ein Mädchen geküsst, die Lena. Sie war zwei Jahre älter als ich und das hübscheste Mädchen der Schule. Die Kussszene haben wir immer wieder geprobt, es war herrlich. Ich kann also sagen, ich habe von Anfang an eine wunderbare Beziehung zum Theater gehabt.

*Haben Sie schon Pläne für das nächste Stück? Vorüberlegungen?*
Ja, ich habe einige Ideen. Aber mehr möchte ich noch nicht sagen.

*Sie sind nicht reiner Künstler oder Dramatiker, wenn Sie Stücke schreiben, sondern schon auch Jurist oder Pädagoge?*
Ich bin alles andere als ein Pädagoge. Das ist mir zuwider, auf die wenigsten Fragen weiß ich eine Antwort. Ich kann nur Fragen stellen. Natürlich wäre es schwerer geworden, wenn ich den Stand der juristischen Diskussion nicht kennen würde. Da hilft es schon ein bisschen, etwas vom Recht zu verstehen. Aber das Stück bleibt ein ganz idealisiertes Gerichtsverfahren. Das sehen Sie schon daran, dass in Wirklichkeit ein solcher Fall viele Wochen mit hunderten von Zeugen verhandelt würde.

*Es ergibt sich aber doch aus Ihrer Arbeit als Jurist.*
Ich wurde Strafverteidiger, weil mich solche Fragen interessieren, das stimmt. Damals ging ich in Berlin in die Kanzlei, deren Anwalt einer der Verteidiger im Honecker-Prozess war. Später hatte ich das Glück, in einem der interessantesten Prozesse der Nachkriegszeit verteidigen zu dürfen –

das Verfahren gegen die Mitglieder des Politbüros. Es ging auch dort um Fragen, die über das Rechtliche hinausweisen. Ich verstehe nichts vom Zivilrecht: Ob der eine von dem anderen Geld bekommt, interessiert mich nicht so sehr. Im Strafrecht werden die großen gesellschaftlichen Fragen diskutiert. Es gibt, zumindest bei diesen Themen, keinen so großen Unterschied zwischen der Arbeit als Schriftsteller und der als Anwalt.

*Ihr Interesse an Rechtsprechung und an Literatur und Drama hat also die gleiche Ursache?*
Ja. Es ist unser Staat; wir sind es, die entscheiden müssen, wie wir leben wollen. Das darf nichts Abstraktes, nichts Fernes werden, sonst scheitert unsere Demokratie. Aber das Theater ist für mich keine moralische Anstalt. Es kann ein Ort der Aufklärung im philosophischen Sinn sein. Natürlich ist in einem Film viel mehr möglich, aber ein Theater ist vor allem ein Forum.

*Die Theater versuchen ja verstärkt, Diskussionsveranstaltungen anzubieten. Ist das der richtige Weg?*
Das erinnert mich ein bisschen an die protestantischen Pfarrer, die in der Kirche Flöte spielen, um modern zu sein.

*Unterhaltung im Theater schätzen Sie nicht?*
Doch, natürlich. Aber ich fürchte, Film kann Unterhaltung einfach besser.

*Können Sie sich auch ein aktuelleres Thema als Stoff für ein Drama vorstellen?*

Was meinen Sie?

*Flüchtlinge zum Beispiel?*

Das ist eines der großen Themen, die unsere Gesellschaft bewegen, Sie haben völlig recht. Elfriede Jelinek schreibt dazu kluge Texte. Heute nehmen viele Menschen nur sehr kurze Beiträge wahr, die Überschriften der Onlineportale der Zeitungen reichen ihnen meistens. Wenn wir aber die Demokratie ernst nehmen, müssen wir uns ganz anders unterhalten. Die Demokratie verlangt wirklichen Diskurs, sie verlangt Tiefe. Wenn es den Bühnen gelingt, Fragen so zu stellen, dass das möglich ist, wenn sie so das Publikum berühren, muss sich niemand Sorgen um die Zukunft der Theater machen.

*Das Interview erschien in der Zeitschrift »Die Deutsche Bühne« 8/2016.*

Nicola Baumann

# *Routine oder Renegade*

Menschen werden aus unterschiedlichen Gründen Kampfflugzeugpiloten. In verschiedenen Gesellschaften und Kultu-
ren können sich diese Gründe deutlich unterscheiden – eins
ist aber allen Piloten gemein, sie lieben das Fliegen. Für Bundeswehrpiloten ist das mit Sicherheit der Hauptgrund für
ihre Berufswahl, neben dem Willen und Bedürfnis, einen ge-
sellschaftlich relevanten und sinnvollen Beruf zu haben. Das
kann gerade in Deutschland nicht jeder Bürger nachvollziehen. Und doch ist es so, dass der Wille, Menschen in Not
und Bedrängnis zu beschützen, für unsere Gesellschaftsord-
nung einzustehen, ein wichtiger Grund ist, um diesen Beruf
zu ergreifen. Kein Pilot träumt jemals davon, Leben zu beenden. Ganz im Gegenteil, genau wie bei Polizisten ist die
Vorstellung, äußerste Gewalt gegen Zivilisten anwenden zu
müssen, ein Albtraum.

Gott sei Dank ist dieser Fall aber auch für uns äußerst
unwahrscheinlich. Gewalt gegen zivile Flugzeuge musste in

der Geschichte der Bundesrepublik noch nicht angewendet werden, und auch andere Kampfhandlungen sind für Bundeswehrpiloten extrem selten. Selbstverständlich beschäftigen wir uns aber mit allen Aspekten solcher Einsätze – von den rechtlichen über die moralischen bis hin zum Training dafür.

## Allgemeine Ausbildung

Alle Jetpiloten Deutschlands durchlaufen die gleiche rigorose Ausbildung. Am Anfang steht ein dreistufiges Auswahlverfahren. Dabei wird die Eignung als Offizier und als Pilot geprüft – motorisch, kognitiv, medizinisch und psychologisch. Dann folgt die allgemeine militärische Grund- und Offiziersausbildung, bevor es in die fliegerische Ausbildung geht. Die fliegerische Ausbildung findet über ein gutes Jahr in den USA statt. Hier trainieren dreizehn Nationen gemeinsam ihren Nachwuchs im Starten und Landen, Flug bei schlechtem Wetter, Formations- und Tiefflug. Angehende Jetpiloten erhalten dabei eine viel tiefere Ausbildung in Stressmanagement, Reaktion auf Notfälle und Krisen als ihre zivilen Kollegen. Im Anschluss daran erfolgt eine jahrelange Ausbildung auf dem eigentlichen Kampfflugzeug. Dabei geht es vor allem darum, Einsatztaktiken für komplexe Szenarien zu erlernen. Moderner Luftkampf ist ein hochkomplexes Szenario. Hundert und mehr Flugzeuge können sich dabei in einem Luftraum bewegen und müssen zuverlässig in eigene und gegnerische Kräfte unterschieden werden. Die rechtlichen Rahmenbedingungen dazu, welche die Piloten auswendig kennen und anwenden müssen, umfassen hunderte Einträge. Dies fehlerfrei und in kürzester Zeit umsetzen zu können erfordert jahrelanges, kontinuierliches Training. Militärische Piloten fliegen den größten Teil der Flugzeit händisch (ohne Autopilot) und sind es gewohnt, sich nah an andere Flugzeuge zu bewegen – sei es in Formation, zum Tanken oder zur Aufklärung. Kampfflugzeugpiloten zählen damit zu den am besten ausgewählten und ausgebildeten Piloten überhaupt.

*Training*
Eine der Routineaufgaben der Luftwaffe ist die Wahrung der Lufthoheit über dem Bundesgebiet. Das heißt, dass die Luftwaffe hier die polizeiliche Aufgabe der Kontrolle und der Sicherung des Luftraums über Deutschland übernimmt. Dafür stellt sie zwei sogenannte Alarmrotten mit je zwei Flugzeugen rund um die Uhr in Bereitschaft zur Verfügung. Wenn zivile Flugzeuge auf Funksprüche der Fluglotsen am Boden nicht mehr oder gänzlich anders als erwartet reagieren, kann die Flugsicherung zwei dieser Eurofighter anfordern, um die Lage vor Ort zu beurteilen. Für Piloten, die darauf trainiert wurden, mit zwanzig gegnerischen Flugzeugen umgehen zu können, ist es eine Routineaufgabe, an ein ziviles Flugzeug heranzufliegen und dessen Lage zu beurteilen.

Selbstverständlich wird aber auch diese Aufgabe gezielt geübt. Dabei übernimmt ein Learjet (von der Größe eines Businessjets) die Rolle des zivilen Passagierflugzeugs. Die Annäherung an das Flugzeug erfolgt dabei in mehreren behutsamen Schritten bis auf einige Meter. So kann der Pilot sehen, was an Bord passiert. Ob jemand im Cockpit des

Airliners ist, ob diese Personen bei Bewusstsein sind und welchen Eindruck die Kabine macht, kann auf diese Weise ebenso beurteilt werden wie der Gesamtzustand des Flugzeugs. Auch ob sich mehr als zwei Personen im Cockpit befinden, kann man dabei unter Umständen erkennen.

Haben die Jetpiloten die Situation in der Luft beurteilt, geben sie ihre Erkenntnisse an die Fluglotsen am Boden weiter. Das sind einfache Angaben wie Höhe, Richtung und Geschwindigkeit des Flugzeugs, aber auch alle anderen Beobachtungen werden berichtet. Über die international festgelegte und von allen ständig mitgehörte Notfallfunkfrequenz versuchen die Jetpiloten dann, die zivilen Piloten zu erreichen. Dazu gibt es zusätzlich international festgelegte Hand- und Lichtsignale, mit denen von Flugzeug zu Flugzeug visuell kommuniziert werden kann.

In nahezu allen Fällen sind die Piloten des zivilen Flugzeugs nur auf eine falsche Frequenz geraten und haben diesen Fehler über längere Zeit nicht bemerkt. Dann erschrecken sie sich meist gehörig, wenn sie das Kampfflugzeug an ihrer Seite bemerken, und melden sich sofort. Der Flug darf dann ganz normal fortgesetzt werden, und die Kampfflugzeuge kehren zum Boden zurück. Es kann vorkommen, dass es eine technische Störung, zum Beispiel des Funkgerätes oder der Elektrik, an Bord gibt. In einem solchen Fall verständigen sich die Piloten in der Luft darüber, dass das zivile Flugzeug zu einem sicheren Ausweichflugplatz geleitet wird. Üblicherweise ist das der nächste größere Verkehrsflughafen wie in Frankfurt oder München. Das Kampfflugzeug fliegt dabei in sicherem Abstand versetzt vor der zivilen Maschine, um ihr den Weg anzuzeigen, und übernimmt sämtliche Koordination für diese, bis sie sicher auf dem Flughafen gelandet ist. Danach ist dieser Einsatz für die Soldaten beendet, und sie kehren an ihren Heimatflugplatz zurück.

## Sichtweise auf den Fall Renegade

In dem extrem seltenen Fall, dass ein Flugzeug nicht mehr auf Funksprüche reagiert, von seiner geplanten Flugroute abweicht und/oder sich auch ansonsten merkwürdig verhält, stuft das Nationale Lage- und Führungszentrum für Sicherheit im Luftraum dieses Flugzeug als einen möglichen »Renegade«-Fall ein. Dass bedeutet, dass es zumindest nicht mehr ausgeschlossen wird, dass das Flugzeug zu einer Straftat missbraucht werden könnte. In Absprache mit der zivilen Flugverkehrskontrolle übernimmt nun das Lagezentrum, bestehend aus Vertretern der Polizei, Bundeswehr und der Regierung, die Leitung des Einsatzes der Eurofighter.

Auch solch ein Einsatz läuft – wie jede andere Annäherung an ein ziviles Flugzeug – behutsam und sorgfältig ab. Zusätzlich beginnt aber eine Reihe von Maßnahmen am Boden, wie die Evakuierung größerer Versammlungsorte, also auch Sportstadien, und die Abschaltung der in Flugrichtung gelegenen AKWs. Auch beginnt die Polizei zu ermitteln, um mögliche Motive und Vorhaben der Täter in Erfahrung zu bringen. Sobald die Kampfflugzeugpiloten dann ihre Beobachtungen aus der Luft zurück an den Boden melden, analysiert eine Gruppe von Experten die Lage neu.

Nehmen wir nun den – unwahrscheinlichen – Fall an, dass sich tatsächlich Terroristen an Bord befinden.

Der Jetpilot erkennt zum Beispiel, dass sich mehr als zwei Personen im Cockpit des zivilen Fliegers befinden, außerdem scheint das Verhalten der Passagiere in der Kabine auffällig zu sein. Dies wird zurückgemeldet, und die Beratungen am Boden beginnen. Wie geht man am besten vor?

Von nun an wird es wirklich kompliziert. Sofern die Terroristen nicht klar über Funk oder anderweitig bekannt geben, was ihr genaues Ziel ist, ist dies kaum in Erfahrung zu bringen. Und selbst wenn die Terroristen eine Aussage treffen, ist diese kaum zuverlässig. Das deutsche Gesetz ist ab hier eindeutig und beschränkt die Maßnahmen, die ergriffen werden dürfen, stark. Nur auf Befehl des Verteidigungsministers oder des höchsten Luftwaffengenerals darf versucht werden, die Maschine »abzudrängen«. Dies ist ein Begriff, der genauso wie das »die Maschine zur Landung zwingen« gerne öffentlich und medial benutzt wird, aber durchaus missverständlich sein kann. Die Soldaten dürfen auf keinen Fall die Menschen an Bord gefährden, sich also nicht übermäßig nah oder schnell dem Flugzeug nähern. Sie dürfen in einigem Abstand vor dem Flugzeug eine Kurve drehen, um diesem unmissverständlich zu zeigen, dass sie anwesend sind und die zivile Maschine zu folgen hat. Falls der zivile Pilot aber nicht kooperieren kann oder – aus krimineller Energie heraus – nicht möchte, werden diese Maßnahmen keinerlei Erfolg haben.

Und dieser Zeitpunkt ist auch das Ende der im normalen Rahmen möglichen Maßnahmen. Ab jetzt sind die Kampfflugzeugpiloten in die Rolle der Beobachter und Berichterstatter verdammt.

Rein technisch gäbe es noch zwei weitere Möglichkeiten: einen Warnschuss und den tatsächlichen Beschuss der Maschine. Beide Maßnahmen unterliegen der Zustimmung des *gesamten* Regierungskabinetts, je nach Rechtsauffassung kann unter Umständen auch der Verteidigungsminister einen Warnschuss anordnen.

Man bedenke aber, dass ein normales Passagierflugzeug mit ungefähr 800 km/h fliegt, Deutschland von West nach Ost zum Beispiel in 45 Minuten überquert. Nun ist das Flugzeug auffällig geworden, und der Eurofighter wurde alarmiert. Dieser benötigt circa 15 Minuten. In weiteren zehn Minuten haben die Piloten ihre Beobachtungen zurückgemeldet. So sind insgesamt schon mindestens 30 Minuten vergangen. In dieser Zeit hat das Flugzeug den deutschen Luftraum fast wieder verlassen, oder die Terroristen haben ihr Ziel bereits erreicht. Allein logistisch ist es unmöglich, in der Zeitschiene der sich entwickelnden Ereignisse das gesamte Kabinett zusammentreten zu lassen und ergebnisreiche Beratungen anzustellen, die sich gegen die im Moment geltenden Ansichten zur Verfassung stellen würden.

Nun befindet sich also ein Flugzeug in terroristischer Absicht in der Luft, dessen Ziel unbekannt ist und gegen das keine weiteren Maßnahmen ergriffen werden können. Ein solches Flugzeug kann mit 600 bis 800 km/h fliegen. Das bedeutet, es legt in einer einzigen Minute 10 bis 13 Kilometer zurück. Frühestens eine Minute vor dem Absturz wird also überhaupt erkennbar sein, auf welches Ziel es die Terroristen tatsächlich abgesehen haben. Allianz Arena? Oder doch eine freie Fläche davor? Oder ein anderes Ziel?

In noch weniger Zeit, vielleicht den letzten 30 Sekunden, wird erkennbar sein, ob die Terroristen ihr Ziel tatsächlich erreichen können und wollen. Denn auch in letzter Sekunde wäre es durchaus denkbar, dass sie es sich anders überlegen oder überwältigt werden. Würde man 15 Sekunden vor dem Ziel das Flugzeug tatsächlich abschießen, wäre der Schaden am Boden vermutlich nicht geringer. Ein getroffenes Flugzeug löst sich ja nicht in Luft, sondern in hunderte Trümmerteile auf, die auf einer ballistischen Flugbahn fast den gleichen Einschlagsort erreichen werden wie das intakte Flugzeug. Selten wird sich in Deutschland ein lohnenswertes Angriffsziel in völlig unbewohnter Natur befinden. Die Einschätzung, ob ein genauer Einschlag in eine evakuierte Allianz Arena oder in eine Münchner Vorortsiedlung mehr Opfer kosten würde, ist unmöglich und zutiefst unmoralisch.

Zusammenfassend ist es also in der Realität nicht mit Sicherheit feststellbar, ob und wenn ja, wie viele Personen in der Luft und am Boden ums Leben kommen werden, wenn es zum Absturz kommen sollte.

## Moralische Überlegungen der Piloten

Im Extremfall gäbe es noch zwei Szenarien, die den Piloten aus der Rolle des passiven Beobachters herausholten. Vielleicht möchte der Pilot – wie im Theaterstück beschrieben – das Flugzeug abschießen, da er meint, so mehr Leben retten zu können. Dies zu tun wird ihm aber verweigert. In einem anderen Szenario wäre es denkbar, dass die Piloten den Befehl zum Abschuss erhalten und sich nun fragen müssen, ob sie tatsächlich schießen sollen.

Der erste Fall – der Pilot handelt entgegen seiner Befehle und der Gesetze – ist aus moralphilosophischer Sicht äußerst spannend. Aus praktischer Sicht ist er es nicht. Piloten verstehen, dass sie in der Luft immer nur ein begrenztes Wissen zur Verfügung haben. Neben der Beobachtung des zivilen Flugzeugs müssen sie mannigfaltige andere Aufgaben erledigen. Sie melden ihre Beobachtungen, koordinieren den Flugweg mit der Einsatzleitung, fliegen das Flugzeug von Hand, überwachen dessen Systeme, den Treibstoffvorrat und das Wetter. Die mentale Kapazität, noch andere Faktoren in die eigene Lagebeurteilung einfließen zu lassen, ist damit extrem begrenzt. Vielleicht erhalten die Piloten ein Update über den Stand der Evakuierung des Fußballstadions, vielleicht aber auch nicht, weil es für ihren eigenen Auftrag in diesem Moment nicht unbedingt relevant ist.

Dafür ist das Lagezentrum am Boden zuständig. Hier sitzt eine große Gruppe an bestens geschulten Leuten und berät ohne jegliche Nebenaufgaben. Dies wissen die Piloten in der Luft. Wenn also das Lagezentrum zu dem Schluss kommt, die Maschine weiterfliegen zu lassen und NICHT abzuschießen, wird jeder Pilot dieser Einschätzung und diesem Befehl (zumindest etwas erleichtert) nachkommen.

Erhalten die Piloten jedoch den Befehl, die Maschine abzuschießen, ist die Lage gänzlich anders. Entgegen der landläufigen Meinung muss ein deutscher Soldat einen Befehl nicht ausführen, wenn dieser gegen sein oder ihr Gewissen verstößt. Eine Straftat hingegen *darf nicht* befohlen oder ausgeführt werden. In diesem Punkt unterscheidet sich die Bundeswehr von der Armee anderer Länder – sie hat aus der Geschichte gelernt und ein richtungsweisendes, neues Befehlssystem geschaffen. Daran geknüpft ist auch ein gänzlich anderes Verständnis von der Stellung der einzelnen Soldaten in Deutschland. Historisch und international sehen sich Soldaten in einer Sonderstellung, unterliegen einer eigenen Militärgerichtsbarkeit und müssen vielfältige Einschränkungen ihrer Grundrechte hinnehmen. In Deutschland gelten Soldaten hingegen als »Staatsbürger in Uniform«, die alle staatsbürgerlichen Pflichten und Rechte genießen (gewisse Rechtseinschränkungen gibt es). So unterliegen deutsche Soldaten zum Beispiel auch zivilen Gerichten.

Jeder Jetpilot ist also dazu verpflichtet zu prüfen, ob die befohlene Handlung, der Abschuss, mit seinem Gewissen vereinbar und rechtens ist. Ansonsten muss bzw. darf der Befehl nicht ausgeführt werden. Und das ist auch gut so. In deutschen Kampfflugzeugen sitzen bestens ausgebildete Offiziere und Profis in ihrem Bereich. Jeder davon versteht sich als Bürger unseres Staates und als Garant für unsere Sicherheit. Diese letzte Instanz zur Prüfung eines Abschussbefehls ist enorm wichtig, wird aber in der Öffentlichkeit oft übersehen. Selbst von anderen Amtsträgern, Politikern und Richtern. Es liegt also allein in der Entscheidung des Piloten, ob er den Abschuss durchführt oder nicht. Ob man selbst als Pilot eines Kampfflugzeugs in dieser Sekunde schießen würde oder nicht, ist kaum vorherzusehen und hängt von allen äußeren Umständen und eigenen Beobachtungen ab.

Führt er oder sie den Abschuss durch und tötet alle Passagiere, würde dies mit Sicherheit ein Strafverfahren und unter Umständen einen Freispruch durch einen rechtfertigenden Notstand nach sich ziehen. Allein die Tatsache, einen Befehl zur Tötung (in jedem Fall eine schwere Straftat) bekommen zu haben, wird nie ausreichend für einen Freispruch sein.

Am spannendsten ist aber für die Autorin dieses Textes die Frage: Wie gehen die Öffentlichkeit und die Justiz mit dem Piloten um, der den Abschussbefehl verweigert? Und wenn durch den anschließenden Absturz dennoch alle an Bord und Hunderte Menschen am Boden ihr Leben verloren haben?

Das deutsche Strafgesetzbuch sieht selbstverständlich auch die fahrlässige Tötung durch Unterlassen als Straftatbestand an. In unserer zwischenzeitlich politisch gespaltenen Gesellschaft ist es schwierig, die öffentliche Meinung und Moral vorherzusagen. Für die einen wäre solch ein Pilot mit Sicherheit ein Held, für andere vielleicht ein Feigling. Diese gesellschaftlich-moralische Debatte über die Schuldigkeit durch Unterlassen fände ich spannend und wertvoll – als Bürger, für unsere Soldaten und auch als Handlungsleitfaden für andere brisante Themen.

Manfred Brauneck

# Ein Spiel, nicht mehr und nicht weniger

*Dramaturgische Anmerkungen*

»Terror« ist ein Gerichtsdrama mit einem Angeklagten und dessen Verteidiger, einem Richter, den Schöffen, einer Staatsanwältin, einem Hauptzeugen und einer Zeugin, die als Betroffene auch als Nebenklägerin auftritt. Es ist ein spannendes, durch klare Diktion und szenische Einfachheit um Realitätsnähe bemühtes Kammerspiel. In dessen Verlauf werden zwei sich ausschließende Thesen hinsichtlich der Schuld des Angeklagten formuliert und jeweils eingehend begründet. Es geht um die Schuld des Lars Koch, einem Major der Luftwaffe, der ein Passagierflugzeug mit 164 Zivilisten an Bord abgeschossen hat. Das Flugzeug war von einem Terroristen entführt worden und sollte – so der Plan des Entführers – über der mit 70 000 Menschen besetzten Münchner Allianz Arena zum Absturz gebracht werden. Das Publikum wurde aufgefordert, den Darlegungen des Sachverhalts genau zu folgen. Es müsse nämlich am Ende urteilen. Es soll mitspielen – und das Theater für das echte

Leben halten. Es soll die Rolle der Schöffen, der Laienrichter, übernehmen, deren Spruch am Ende entscheidet, ob der Angeklagte freigesprochen oder verurteilt wird. Dementsprechend hat der Autor zwei Versionen für den Schluss des Stücks geschrieben. Der Richter verliest entweder die eine oder die andere Version, je nachdem, wie das Publikum abgestimmt hat.

Der Autor sagt, dass »Terror« kein »Regietheaterstück« sei. Er will die Stringenz der Dramaturgie nicht aus der Hand geben. Ein Regisseur sollte nicht etwa andere Akzente setzen, wie das im zeitgenössischen »Regietheater« durchaus vorkommen kann. Die Aufführung – darauf besteht der Autor – lebt von den präzise formulierten Argumenten, die im Laufe der Verhandlung vorgetragen werden. Durch mehrfaches Nachfragen lässt der Richter auch keine Missverständnisse aufkommen. Fachbegriffe müssen erklärt werden. Lauter zu sprechen, werden die Zeugen vom Richter mehrmals aufgefordert. Das Publikum soll über den Sachverhalt genau informiert werden.

Von Beginn der Verhandlung an aber vollzieht sich eine subtil aufgebaute Emotionalisierung der Atmosphäre des Prozessgeschehens, was bei aller Bemühung um Objektivität bei einem so aufwühlenden Sachverhalt kaum vermeidbar ist. Beispiel hier: Auf Nachfrage des Richters wird eigens wiederholt, dass unter den Opfern ein »erst vier Jahre« altes Mädchen gewesen sei. Gleichermaßen emotionalisieren die Ausführungen der Staatsanwältin, ebenso die des Verteidigers, zumal wenn prominente Schauspieler diese Argumente rhetorisch brillant vortragen. Ihrer Suggestion wird sich das Publikum nur schwer entziehen können. Auch werden im Verlauf des Prozesses Aussagen, die ein besonderes Potenzial zur Mobilisierung von Gefühlen haben, durch Nachfragen des Richters hervorgehoben. Ein Überdenken, ein Abwägen, gar ein Überschlafen des Urteils ist nicht vorgesehen. »20 Minuten« Pause, heißt es. Das Übliche also. Die Rahmenbedingungen einer Theateraufführung lassen nicht mehr Zeit zu. Abgestimmt wird mehr oder weniger sofort, wenn die Zeugen vernommen und die Abschlussplädoyers vorgetragen sind. Die Zuschauer geben ihr Votum anonym ab. Es ist nicht wirklich Zeit für Gespräche zwischen den Zuschauern oder gar mit Außenstehenden, zumindest nicht vor der Abstimmung. Es soll spontan entschieden werden, noch unter dem Eindruck des Prozessgeschehens.

Die Abstimmung soll – so der Autor – allerdings »nur der Anregung (zur Diskussion dienen), nicht mehr und nicht weniger«: zu Diskussionen »…über den Staat, über unsere Gesellschaft und unsere Zukunft« – über die *res publica* also, über die »öffentliche Sache«, wie schon die Griechen im Athen des 5. Jahrhunderts v. Chr. Eine Übung in »Demokratie« also! So will es der Autor sehen.

Dabei nimmt der Jurist von Schirach – als Schriftsteller – in Kauf, dass die Konstruktion des Stücks gegen alle Regeln einer ordentlichen Prozessführung verstößt. Als Jurist bezeichnet er diese Konstruktion gar als »völligen Unsinn« und als »gefährlich«, wollte man sie ins echte Leben übertragen. Die Freiheit der Kunst rechtfertige dies aber allemal. So kann auch das Publikum seinem Gerechtigkeitsempfinden freien Lauf lassen und braucht sich nicht am geltenden Strafgesetz zu orientieren. Schließlich geht es um eine »ethisch-moralische Entscheidung«, – um keine juristische. Um diese Unterscheidung in der Betrachtungsweise der Tat des Lars Koch scheint es dem Autor aber letztlich zu gehen. Soll dabei zwischen geltendem Recht und dem »Ethisch-Moralischen« abgewogen werden? Die mehrheitliche Abstimmung für den Freispruch, die sich am Ende nahezu regelmäßig ergibt, macht eine fatale Abweichung des allgemeinen Gerechtigkeitsempfindens gegenüber dem geltenden Recht offenkundig. Von Schirach scheint dies gar zu provozieren.

Zurück zum Fortgang des Verfahrens! Es ist der Verteidiger, der eine neue Sicht auf die Tat des Lars Koch ins Spiel bringt. Er spricht von »Mut« und »Kraft«. »Vernünftig« und »klug« sei das Verhalten des Angeklagten gewesen, und er zitiert jene rechtsphilosophischen Aporien, mit denen jeder Jurastudent schon im 1. Semester konfrontiert wird. Schließlich rät er: »Wir sollen nach Vorstellungen entscheiden, die über dem Gesetz stehen, die größer sind als das Gesetz.« Der Angeklagte hätte »abgewogen«: »das Leben von 164 unschuldigen Menschen gegen das Leben von 70.000 unschuldigen Menschen«. Die Tat sei eindeutig. Der Angeklagte hätte gestanden, die Passagiermaschine mit einem Präzisionsgeschoss abgeschossen zu haben, um – seiner Meinung nach – weitaus größeres Unheil zu verhindern.

Der Zeuge Christian Georg Lauterbach, ein Oberstleutnant der Luftwaffe, wird aufgerufen. Er schildert den Ablauf des Vorgangs in allen Einzelheiten: die Ereignisse unmittelbar vor und nach dem Abschuss der Lufthansa-Maschine –

aus seiner Sicht am Bildschirm und im Telefonkontakt mit dem Angeklagten vom Nationalen Lage- und Führungszentrum für Sicherheit im Luftraum aus. Außerdem referiert er – auf Fragen des Richters hin – die Gesetzeslage und die für derartige Fälle verbindliche Dienstvorschrift. Die Ausführungen dieses Zeugen nehmen im Verlauf der Verhandlung nahezu gleich viel Zeit ein wie die folgenden Ausführungen des Angeklagten. Beider Redebeiträge machen zeitlich den Hauptteil der Verhandlung aus.

Lauterbach berichtet auch über die Telefonate, über das Hin und Her zwischen einem General Radtke, der für alle militärischen Entscheidungen der Luftwaffe verantwortlich ist, und dem Verteidigungsminister. Der Befehl für den Angeklagten war eindeutig: Die Passagiermaschine darf nicht abgeschossen werden. So hatte auch das Bundesverfassungsgericht – in Korrektur einer Abstimmung im Deutschen Bundestag – entschieden. Nachdem Lars Koch die Lufthansa-Maschine dennoch abgeschossen hatte, sollte er bei seiner Rückkehr verhaftet und der Bundespolizei überstellt werden.

Auf Nachfragen der Staatsanwältin erklärt Lauterbach, dass er, wenn er in der Lage von Lars Koch gewesen wäre, wohl auch geschossen hätte. Am Ende ihrer Befragung weist die Staatsanwältin auch darauf hin, dass vermutlich ausreichend Zeit für eine Räumung der Allianz Arena gewesen sei, wenn dazu aus dem Führungszentrum rechtzeitig eine Anweisung ergangen wäre. Es ist das erste Mal in diesem Prozess, dass dieser Aspekt – als Alternative zum Abschuss der Maschine – in die Diskussion eingebracht wird.

Nach dieser Zeugenvernehmung ergreift erstmals der Angeklagte das Wort. Dramaturgisch ist dies unstrittig der mit Spannung erwartete Höhepunkt. Zudem erfolgt nun eine deutliche Akzentverschiebung gegenüber der betonten Sachlichkeit, Detailversessenheit und auch einer gewissen emotionalen Kühle aller vorherigen Dialoge. Andere Argumente, persönliche, emotionale, rücken nun in den Mittelpunkt: so vor allem die Entscheidung, gegen einen Befehl und gegen die geltende Gesetzeslage gehandelt zu haben. Der Angeklagte verteidigt sich. Es geht um das Kernstück der Verhandlung, um die Schuldfrage. Der Angeklagte erläutert: Er habe »abgewogen« zwischen dem Leben einer geringeren Anzahl von Zivilisten gegenüber dem Tod Tausender. Koch hält dies für rechtens. Für ihn war dies eine »pragmatische«, gar eine »praktische« Frage, wie er selbst sagt. Schließlich weist er auch auf seinen Eid als Soldat hin und auf die »Staatsräson«. Diese würde ihn dazu verpflichten zu verhindern, dass ein Terrorist seine verbrecherischen Absichten verwirklichen könne – koste es, was es wolle.

Die Emotionalisierung des Prozessgeschehens erfährt – nach den Ausführungen des Angeklagten – noch einmal eine deutliche Steigerung durch die Vernehmung der Zeugin Meiser, einer Krankenschwester, die – nach »zwei Nachtschichten im Krankenhaus« – die Nachricht erhielt, dass ihr Mann bei dem Absturz des Flugzeugs ums Leben gekommen sei. Der Richter bringt die Sprache auch auf eine SMS, die die Zeugin unmittelbar vor dem Absturz der Maschine von ihrem Mann erhalten hatte. Dass der Terrorist vielleicht hätte überwältigt werden können, wird dabei erwähnt. Die kurze SMS endete mit der Botschaft: »Hab keine Angst, wir schaffen das. Ich liebe dich.« Im Publikum wird durch diese Aussage unstrittig großes Mitgefühl mit dem Schicksal der Zeugin erregt und durch die Intimität der Botschaft (»Ich liebe dich«) auch eine gewisse persönliche Nähe zu der Zeugin hergestellt. Schließlich berichtet diese, dass ihr von ihrem Mann nur der »linke Schuh« geblieben sei, der unter den Trümmern der Maschine gefunden wurde, dass sie diesen mit nach Hause genommen und später im Wald vergraben hätte. Abschließend bemerkt sie noch, dass ihre kleine Tochter gesagt hätte, sie habe schon vergessen, »wie der Papi riecht«.

Für das Theaterpublikum war die Sachlichkeit in der Rekonstruktion des Tathergangs sicherlich der spannendste Teil der Verhandlung; die Ausführungen des Angeklagten, der seine Tat nicht nur als verantwortlich, sondern auch als unabdingbar notwendig hinstellte, wohl die des Nachdenkens werteste. Emotional am aufwühlendsten war sicherlich die Zeugenaussage der von dem Unglück unmittelbar betroffenen Krankenschwester Franziska Meiser. Damit endet die Beweisaufnahme. Es folgen die Abschlussplädoyers der Staatsanwältin und des Verteidigers. Pause.

Die Dramaturgie ist hinsichtlich des emotionalen Spannungsbogens eindeutig. Die Entscheidung soll dem Publikum nicht allzu leicht gemacht werden. Der kurze zweite Akt besteht nur noch aus der Verlesung des Urteils durch den Richter.

In nahezu allen Ländern, in denen »Terror« aufgeführt wurde, ergab sich eine mehr oder weniger deutliche Mehrheit in der Abstimmung des Publikums für einen Freispruch des Angeklagten. Nur bei Aufführungen in Japan stimmte das Publikum mehrheitlich für »schuldig«.

Das Stück ist in seinem dramaturgischen Aufbau und hinsichtlich seiner Bühnenpräsentation einfach und konventionell angelegt. Die Gerichtsverhandlung ist ein in sich geschlossener Spielvorgang, der vor den Zuschauern – wie in einem Guckkasten – abläuft. Nur einmal wendet sich der Verteidiger direkt an das Publikum, schließlich spielt es ja mit. Es ist ein Thesenstück, ein spannendes Dialogstück, das zu Beginn den etwas angestaubten Anschein von Modernität erweckt. In einem Vorspann wird die Theatersituation zum Thema gemacht: Auf die fatalen »Parkprobleme«, die das Publikum angeblich genauso gehabt hätte wie die Schauspieler, wird hingewiesen, auch auf das etwas »verwinkelte Haus« etc.: »Guten Tag, meine Damen und Herren. Ich freue mich, dass Sie pünktlich kommen konnten ...« – so begrüßt der Schauspieler, der die Rolle des Richters spielen wird, das Publikum. Er steht dabei vor dem Vorhang auf der Bühne in seiner Alltagskleidung. Die Richterrobe trägt er über dem Arm und erklärt die »Versuchsanordnung«: Man sei hier nicht im Theater, sagt er, und: Es werde kein Theaterstück gespielt. Das Publikum würde vielmehr einer Gerichtsverhandlung beiwohnen und am Ende »über das Schicksal eines Menschen ... entscheiden« müssen. Er versichert, dass er sich – als Richter – an diesen Urteilsspruch halten wird. Dann zieht er sich die Robe über. Als der Vorhang aufgeht, hat er sich hinter dem Richtertisch in Position gebracht. Von da an spielt er den Vorsitzenden Richter.

Der Angeklagte wird hereingeführt. Der Richter nimmt dessen Personalien auf. Nach einem kurzen Geplänkel zwischen dem Verteidiger und dem Richter verliest die Staatsanwältin die Anklageschrift: Lars Koch wird des Mordes nach § 154 a Absatz 1 der Strafprozessordnung angeklagt. Er habe 164 Menschen getötet, die sich in einer Lufthansa-Maschine im Flug von Berlin-Tegel nach München befunden hatten. Die Staatsanwältin nennt Nummer und Typ des Flugzeugs und bezeichnet fachlich korrekt auch das »Luft-Luft-Lenkkörpergeschoss«, mit dem Koch das Passagierflugzeug abgeschossen hat. Dass die Passagiermaschine von einem Terroristen entführt wurde und auf die mit 70 000 Menschen – aus Anlass eines Fußballländerspiels – besetzte Allianz Arena zusteuerte, um dort eine Katastrophe auszulösen, die Tausenden von Menschen das Leben gekostet hätte, davon ist in der Anklageschrift keine Rede. Soweit die Exposition.

Die penible Genauigkeit aller Angaben beim Vortrag der Anklage soll offenbar zum Realismus der Spielsituation beitragen. Gleich zu Beginn des Prozessverlaufs bringt sich der Verteidiger als lässiger, unkonventioneller Typ ins Spiel, der mit seinen etwas flapsigen Bemerkungen im Laufe der Verhandlung immer mal für Heiterkeit im Publikum und Irritation bei dem Richter sorgt – eine Facette, die offensichtlich der Theatersituation geschuldet ist. Der Verteidiger ist offenbar nicht nur Gegenspieler der Staatsanwältin, sondern auch eine Figur, die die Spielsituation – den Verlauf des sehr sachlich geführten Prozesses – auflockert. Von Schirach hat sicherlich recht, wenn er sagt, dass eine Gerichtsverhandlung stets auch eine Art Theater sei.

»Terror« steht in der Tradition einer Reihe von Gerichtsdramen. Ein solches Stück ist zum Beispiel »Eumeniden«, der dritte Teil der »Orestie« des Aischylos. Es wurde am Ende einer Tragödientrilogie im Jahre 458 v. Chr. im antiken Athen aufgeführt und handelt von einem weltgeschichtlichen Umbruch: In einem Gerichtsverfahren ist Orestes angeklagt, seine Mutter erschlagen zu haben, um den Vater, den die Mutter heimtückisch ermordet hatte, zu rächen. Orestes' Tat war ein Akt der Blutrache. Zeus, der oberste Gott der Griechen, hatte die Tat befohlen. Athene, eine Göttin, bei der der von den Eumeniden gejagte Orestes Zuflucht gesucht hatte, entscheidet jedoch, dass künftig nicht mehr das Gesetz der Blutrache gelten, sondern ein öffentliches Gericht jeden Rechtsstreit, auch den vorliegenden Fall, entscheiden soll. In dem Gerichtsprozess, der daraufhin folgt, wird Orestes in einer geheimen Abstimmung von der Anklage des Muttermords (bei Gleichheit der Stimmen) freigesprochen. Eines der bekannteren Gerichtsdramen aus klassischer Zeit ist Kleists Komödie »Der zerbrochne Krug«, in der sich der Richter als der gesuchte Täter entpuppt. Auch einigen Filmen liegt ein solches Arrangement zugrunde. »Zeugin der Anklage« mit Marlene Dietrich und Charles Laughton ist wohl einer der bekanntesten Filme dieser Art. Unzählige amerikanische Fernsehserien, in denen sich der Höhepunkt des Geschehens in einem Gerichtssaal abspielt, in der entscheidenden Phase eines Strafprozesses, und der Verteidiger dabei seinen großen Auftritt hat, kennt man aus den deutschen TV-Sendern seit Jahrzehnten.

Ein Gerichtsdrama, das mit Bezug auf einen tatsächlich

stattgefundenen Prozess konzipiert wurde, ist »Die Ermittlung« von Peter Weiss. Die »gemeinsame Uraufführung« des Stücks fand am 19. August 1965 statt, gleichzeitig an 15 Theatern, in der BRD, in der damaligen DDR und in einer Inszenierung in London.

Was das Stück »Terror« aber von nahezu allen diesen Stücken, Filmen und Fernsehserien unterscheidet, ist, dass die Autoren die Schuldfrage am Ende der Handlung in aller Regel nicht offenlassen, sondern über die Schuld oder den Freispruch des oder der Angeklagten entscheiden. Von Schirach wählt einen anderen – einen weitaus originelleren – Abschluss des Prozesses. Er überlässt diese Entscheidung dem Publikum. Er lässt abstimmen. Zur Begründung dieser Konzeption bemüht von Schirach eine Art Idealtheater, wie es angeblich im antiken Athen existiert hätte, bei dem alle Bürger abgestimmt und sich über die Grundwerte ihres Gemeinwesens verständigt hätten.

Es soll hier nicht die Frage diskutiert werden, worüber im antiken Athen die Bürger der Polis tatsächlich abgestimmt haben, auch nicht die Frage der Vergleichbarkeit der Athener Bürgerabstimmungen mit demokratischen Verfassungen heute. Jene Vorstellung vom Theater jedoch, die von Schirach in einigen seiner Reden und Interviews vortrug, geht an der Realität des Theaters – sowohl im antiken Athen, aber auch am deutschen Theater heute – vorbei. Längst ist das Theater in unserer Gesellschaft kein Forum mehr, auf dem sich mündige Bürger über die Grundwerte der Demokratie verständigen. Diese Institution ist heute – man mag das bedauern – Teil eines vielfältigen städtischen

Kultur- und Unterhaltungsbetriebs geworden, der zwischen Subvention, künstlerischen Ambitionen und gelegentlichen politischen Statements, die vor allem der Haltung einzelner Autoren, Schauspieler oder Intendanten geschuldet sind, um seine gesellschaftliche Stellung und seine kulturelle Bedeutung bangen muss. Dass das Theater eine »moralische Anstalt« sei, wie sie Schiller als Gedankenspiel in einer Zeit vorschwebte, als die Obrigkeit den Bürgern elementare Freiheitsrechte vorenthielt, weist auch von Schirach zurück. Vielmehr bringt er das Problem auf die rechtsphilosophisch heikle Unterscheidung von »juristisch« und »politisch« auf der einen Seite und einer »ethisch-moralischen Entscheidung« auf der anderen. Dass von Schirach mit der Abstimmung über schuldig oder nicht schuldig die zentrale Problematik des Stücks letztlich dem »gesunden Menschenverstand« des Publikums überlässt, sei allerdings – dessen scheint er sich durchaus bewusst zu sein – »gefährlich«. Warum das so sei, führt die Staatsanwältin recht lakonisch aus. Sie bezeichnet die »Gewissensentscheidung«, den sogenannten »gesunden Menschenverstand«, selbst einen »übergesetzlichen Notstand« oder die Hypostasierung eines »Naturrechts« als Grundlage der Urteilsfindung im anstehenden Fall schlichtweg als »Irrtümer«. Nach der geltenden Gesetzeslage, die allein verbindlich sei, ist die Verurteilung von Lars Koch zwingend. Die Staatsanwältin plädiert deswegen für schuldig.

Zu fragen ist allerdings auch, ob das Stück tatsächlich einen Beitrag zum Problem des Terrorismus leistet, wie es der Titel nahelegt. Der Verteidiger bringt diesen Aspekt in seinem Schlussplädoyer ins Spiel. Selbstverständlich verweist er auf den 11. September 2001, auf die islamistischen Anschläge auf das World Trade Center in New York. Im Verlaufe des Prozesses aber gerät das Terrorismusproblem gänzlich an den Rand. Es ist nicht viel mehr als ein stofflich attraktives Sujet, das sich gar dem Verdacht aussetzt, dem Zeitgeist geschuldet zu sein. Die zentrale Frage des Stücks ist vielmehr die nach der Schuld des Angeklagten. Diese steht unstrittig im Mittelpunkt und hätte in anderen thematischen Konstellationen ebenso verhandelt werden können. Im Laufe der Zeugenbefragung werden solche (Alternativ-) Konstellationen genannt. Allerdings wären diese weitaus weniger spektakulär gewesen. Letztlich aber geht es in dem Stück ausschließlich um die Frage, ob man Menschenleben gegeneinander aufrechnen kann, ob es »richtig ist, wenige Menschen zu töten, um viele zu retten«. Der Angeklagte hat diese Frage entgegen einem ausdrücklich anders lautenden Befehl und entgegen einer Entscheidung des Bundesverfassungsgerichts, die er sehr wohl kannte, bejaht. Um Terrorismus geht es in diesem Stück nicht. Die terroristische Flugzeugentführung und der Abschuss der Maschine sind Anlass für eine Gerichtsverhandlung, ein populäres, unstrittig auch ein publikums- und öffentlichkeitswirksames Motiv.

Die in diesem Zusammenhang aufgeworfene Schuldfrage kann im Gericht jedoch nur unter Zugrundelegung der geltenden Rechtslage entschieden werden. Durch die Abstimmung des Publikums aber wird die Schuldfrage ins Ethisch-Moralische transferiert, letztlich einem Gerichtsurteil entzogen. Der Autor will das so. Über Fragen der Moral kann im Theater durchaus abgestimmt werden.

Vergleicht man damit eines der wohl bekanntesten Gerichtsstücke des neueren deutschen Theaters, »Die Ermittlung« von Peter Weiss, so wird bei allen Unterschieden der Stücke deutlich, dass bei beiden der äußere Anlass (bei von Schirach die Entführung der Passagiermaschine durch einen Terroristen, bei Peter Weiss der Auschwitz-Prozess) gegenüber dem eigentlichen Problem der Stücke an den Rand rückt. Bei von Schirach geht es – bei allen mit dem Terrorismus zusammenhängenden verbrecherischen Ereignissen – letztlich um die Unterscheidung einer »juristischen« von einer »ethisch-moralischen« Bewertung der Tat des Lars Koch. Peter Weiss nimmt den Auschwitz-Prozess zum Anlass einer fundamentalen Kapitalismuskritik, wobei die individuelle Schuld der Angeklagten nicht mehr wirklich interessiert. Diese Frage wurde in Frankfurt vor Gericht entschieden. So verdanken beide Stücke diesen äußeren stofflichen Anlässen ihre enorme öffentliche Aufmerksamkeit.

Das Stück von Peter Weiss beruht auf dem sogenannten 1. Auschwitz-Prozess, der sich über 20 Monate hinzog – vom 20. Dezember 1963 bis 20. August 1965 – und in Frankfurt am Main stattfand. In diesem Prozess standen 22 Angeklagte vor Gericht, die im Konzentrationslager Auschwitz in unterschiedlicher Funktion an der Vernichtung von Menschen beteiligt waren. Die mit ihren Namen genannten Angeklagten wurden in diesem Prozess verurteilt. Die namenlos bleibenden Zeugen berichteten von den monströsen Verbrechen, die in Auschwitz begangen wurden.

»Die Ermittlung« ist jedoch keine literarische Rekonstruktion dieses Prozesses. Weiss nannte seine Dichtung vielmehr ein »Konzentrat« dieses Prozesses. Die Täter werden auf der Bühne nicht ein zweites Mal verurteilt. Nicht deren individuelle Schuld, nicht die Befindlichkeit oder die Marotten der Angeklagten interessieren den Autor, sondern das »System«, wofür diese stehen. Anders die namenlosen Zeugen, die – wie der Autor sie nennt – nur »Sprachrohre« sind, die von der Todesmaschinerie des Lagers berichten.

Dennoch wurde »Die Ermittlung« als Dokumentartheater wahrgenommen; eine überaus kontrovers geführte Diskussion schloss sich an. In der politisch aufgeheizten Atmosphäre der 1960er-Jahre zog dieses Genre regelmäßig die besondere Aufmerksamkeit der Öffentlichkeit und der Theaterkritik auf sich. In aller Welt war über den Auschwitz-Prozess berichtet worden. Nachdem die in diesem Prozess angeklagten Verbrecher verurteilt waren, ging es in den Diskussionen in der politischen Öffentlichkeit der BRD um ein langehin verdrängtes Problem. Es ging um den Umgang mit der NS-Vergangenheit in der BRD. Eine Frage war auch: Wie politisch konnte und sollte die Kunst in diesem Zusammenhang sein? Welchen Beitrag konnte das Theater dazu leisten? Peter Weiss bezog eindeutig Position in allen diesen Fragen. Seine Parteilichkeit war unstrittig.

Mit dem Stück »Die Verfolgung und Ermordung Jean Paul Marats, dargestellt durch die Schauspieltruppe des Hospizes zu Charenton unter Anleitung des Herrn de Sade« war Weiss als Bühnenautor weltbekannt. Das Stück galt als das bedeutendste deutsche Theaterstück nach dem

Tode Brechts. Offenbar hatte es den Nerv der Zeit getroffen, wurde weltweit aufgeführt und gefeiert. Kritiker sprachen gar von einem »Geniestreich«, trotz der intellektuellen Provokation, die es letztlich darstellte. Entsprechend groß war die Erwartung, als »Die Ermittlung« herauskam, ebenso aber auch die Überraschung über die massive Kritik des Autors am westlichen Kapitalismus.

»Die Ermittlung« unterschied sich wesentlich von anderen Stücken des politischen Dokumentartheaters dieser Jahre. Im Untertitel heißt es: »Die Ermittlung sei ein Oratorium in elf Gesängen.« Im Aufbau des Stücks orientierte sich Weiss an Dantes Dichtung »Divina Commedia«. Er wählte diese hoch ambitionierte artifizielle Form offenbar, um die Erwartung nicht aufkommen zu lassen, dass in diesem Stück die Verbrechen von Auschwitz auf die Bühne gebracht werden oder der Frankfurter Prozess rekonstruiert werden sollte. Über Schuld und Strafe der Verbrecher von Auschwitz war in Frankfurt verhandelt worden. Dieser Blickwinkel sollte durch die Form des Stücks verhindert werden. In der schwedischen Zeitung »Stockholms-Tidningen« erläuterte der Autor deswegen die Intention, die er mit der »Ermittlung« verfolgt hätte. Es wäre ihm in dem Stück in erster Linie darum gegangen – so Weiss –, die »Rolle der deutschen Großindustrie bei der Judenausrottung« aufzuzeigen; es gehe um die Schuld des kapitalistischen Systems, deren Handlanger die Angeklagten waren.

So thematisieren beide Autoren Gerichtsprozesse: einen, der tatsächlich stattgefunden hat, und einen fiktiven; – zudem in der zeitgenössischen Öffentlichkeit sehr präsente

Themen. Peter Weiss ließ keinen Zweifel an der Position, die er mit der »Ermittlung« einnahm, an seiner Parteinahme. Ferdinand von Schirach dagegen hält sein Stück offen in der Bewertung der Schuldfrage. Auch als Autor hält er sich in dieser Frage heraus. Unstrittig ist – wie von Schirach meint – der Terrorismus eine »Herausforderung unserer Zeit«. Um dieses Problem geht es jedoch nur noch am Rande. Im Verlaufe des Gerichtsprozesses rückt immer deutlicher die vom Autor so beharrlich umkreiste Frage nach der Zurechenbarkeit von individueller Schuld ins Zentrum. Dieses Problem lässt von Schirach nicht los. Es ist offenbar sein Lebensthema. Einmal sinnt er gar darüber nach, ob es Schuld und Verbrechen überhaupt gäbe, – was es gäbe, sei allein die Strafe.

In dem Stück entscheidet Lars Koch – in seinem Kampfjet, allein auf sich gestellt – nach Ansicht der Mehrheit des Publikums richtig. Lars Koch ist, was seine Rolle in diesem Theaterstück angeht, eine Art Held. Der Zeuge Lauterbach schildert eindrucksvoll den enormen Druck, dem Koch unmittelbar vor dem Abschuss ausgesetzt war. An der moralischen Integrität Kochs lässt der Autor keinen Zweifel aufkommen. Schuld hin oder her.

Im Gegensatz zu Peter Weiss' »Ermittlung« ist »Terror« kein politisches Stück. Die Abstimmung durch das Publikum ist ein spektakulärer, publikumswirksamer Kunstgriff des Autors. Mit dem Freispruch des Lars Koch hat sich bei weitaus den meisten Aufführungen der »gesunde Menschenverstand« mehrheitlich durchgesetzt. Der Autor entzieht sich letztlich einer eigenen Stellungnahme; oder: Die

Literatur ist ihm nicht der angemessene Ort für eine wertende Positionierung, für Parteinahme.

Die Rezeption des Stücks stellt die ethische Problematik der Tat des Angeklagten ins Zentrum, nicht etwa ein politisches Problem, nicht den Terrorismus. In nahezu allen Kommentaren zu dem Stück wurde – zu Recht – über die »ethisch-moralische Entscheidung« des Angeklagten diskutiert.

»Terror« ist ein Spiel, nicht mehr und nicht weniger, eine »Versuchsanordnung«; unterhaltsames, spannendes Theater, bei dem das Publikum in außergewöhnlicher Weise mitspielt. Sicherlich war es auch dieser Abstimmungsmodus und das mediale Drumherum, das dem Stück so große Aufmerksamkeit im üblichen Spielbetrieb der Theater verschaffte.

Otto Depenheuer

# Moral in tragischer Entscheidungslage

*Flucht vor der Entscheidung oder Übernahme
von Verantwortung*

## Das Dilemma des Ernstfalls

Siebzig Jahre Frieden, Wohlstand und Normalität – der
Staat des Grundgesetzes ist wahrlich ein vom Glück beglei-
tetes Erfolgsmodell, nicht zuletzt aber auch deshalb, weil
ihm eine Zeit grenzenloser Gewaltsamkeit, totalen Kriegs,
elementarer Rechtlosigkeit bis hin zum Völkermord voran-
ging. Traumatisiert von dieser Katastrophe wurde das »nie
wieder« zur *raison d'être* des neuen Staates. In dieser glück-
lichen, in historischer Perspektive singulären Zeit musste
man den Ernstfall nicht denken. Mehr noch: Von der Ausnahme her zu denken war und ist verpönt. Doch mit dem
Zusammenbruch des Ostblocks und der bipolaren Welt
wurden die tragenden Säulen der politischen Nachkriegs-
sarchitektur zunehmend porös. Die Tektonik der Weltge-
schichte geriet auch in Mitteleuropa wieder in Bewegung:

Neue Konfliktherde mit neuen Akteuren, Großmächten und Möchtegerngroßmächten bestimmen immer mehr die weltpolitische Lage. Einen ersten ikonografischen Höhepunkt bildete der Anschlag auf das WTC am 11. 9. 2001: Der islamistisch geprägte Terrorakt war eine radikale Kampfansage an die freiheitlichen Verfassungsstaaten des Westens und offenbarte zugleich die Verletzlichkeit der freien Welt. Der Ernstfall stand wieder auf der Tagesordnung, und Politik wie Recht mussten eine Antwort geben.

Das Dilemma steht allen vor Augen: Einerseits muss der Staat Land, Bürger und Verfassungsordnung schützen. Aber darf er zu diesem Zweck auch den Tod unschuldiger Bürger bewusst in Kauf nehmen, wenn nur so der terroristische Angriff abgewendet werden kann? Solchen Fragen kann das Recht nicht ausweichen; das Grundgesetz »hört hier nicht auf«, sondern steht vor juristischer wie historischer Bewährungsprobe. Diese kam, als 2003 ein entführtes Segelflugzeug stundenlang über Frankfurts Innenstadt segelte und Assoziationen an den 9/11 weckte. Der Bundestag beschloss daraufhin eine Änderung des Luftsicherheitsgesetzes, das eine rechtsstaatliche Reaktion auf derartige Bedrohungsszenarien ermöglichen sollte. § 14 Abs. 3 enthielt die Ermächtigung, ein Flugzeug abzuschießen, »wenn nach den Umständen davon auszugehen ist, dass das Luftfahrzeug gegen das Leben von Menschen eingesetzt werden soll, und sie [sc. die unmittelbare Einwirkung mit Waffengewalt] das einzige Mittel zur Abwehr dieser gegenwärtigen Gefahr ist«.

*Die verfassungsgerichtliche Antwort auf den Ernstfall*
Die gegen das Gesetz gerichtete Verfassungsbeschwerde
hatte Erfolg. Das Gericht erklärte die Abschussermächtigung wegen Verstoßes gegen das Recht auf Leben in Verbindung mit der Menschenwürdegarantie derjenigen, die als
tatunbeteiligte Menschen an Bord des Luftfahrzeugs betroffen wären, für verfassungswidrig: »Die Ermächtigung der
Streitkräfte [...], durch unmittelbare Einwirkung mit Waffengewalt ein Luftfahrzeug abzuschießen, das gegen das
Leben von Menschen eingesetzt werden soll, ist mit dem
Recht auf Leben nach Art. 2 Abs. 2 Satz 1 GG in Verbindung mit der Menschenwürdegarantie des Art. 1 Abs. 1 GG
nicht vereinbar, soweit davon tatunbeteiligte Menschen an
Bord des Luftfahrzeugs betroffen werden.«

Das verfassungsgerichtliche Abschussverbot verschärft in
der Konsequenz die Asymmetrie im »Krieg gegen den Terror«: Der freiheitliche Staat kann verfassungsrechtliche Errungenschaften einschließlich der Menschenwürde nurmehr
begrenzt gegen terroristische Angriffe aus der Luft verteidigen. Er darf seiner grundrechtlichen Schutzpflicht für das
Leben der prospektiven Opfer am Aufschlagsort nicht mehr
nachkommen und liefert damit – im Namen der Menschenwürde – Leben und Menschenwürde seiner Bürger einem
menschenverachtenden Terrorismus aus. Nicht im Rahmen
einer Güterabwägung in tragischer Entscheidungssituation
entscheidet sich ihr Schicksal; dieses gerät nicht einmal in
das Blickfeld der verfassungsdogmatischen Betrachtung.
Weil der Abschuss der Passagiermaschine absolut verboten ist, werden die Opfer am Boden ihrem sicheren Tod

unter Hinweis auf das allgemeine Lebensrisiko teilnahmslos preisgegeben.

Die den Urteilsspruch begleitende Selbstgewissheit und Apodiktizität – »ist eine gesetzliche Ermächtigung schlechterdings unvorstellbar, unschuldige Menschen, die sich in einer für sie hoffnungslosen Lage befinden, vorsätzlich zu töten.« – irritieren noch heute: Nicht nur wurde das von der rot-grünen Bundesregierung eingebrachte Gesetz vom demokratisch legitimierten obersten Repräsentanten des deutschen Volkes, dem Bundestag, beschlossen, dem man kaum fahrlässige oder gar schuldhafte Missachtung oberster Verfassungsprinzipien unterstellen kann. Nicht nur ließen die damaligen Minister für Inneres und Verteidigung sogleich nach der Urteilsverkündung wissen, dass sie im gegebenen Fall ungeachtet der Entscheidung des Verfassungsgerichts gleichwohl einen Abschuss einer Passagiermaschine in Betracht ziehen und gegebenenfalls befehlen würden. Aufschlussreich ist auch die Tatsache, dass zwei Drittel der Besucher des Theaterstücks »Terror« des Schriftstellers und Strafverteidigers Ferdinand von Schirach bei der vom Autor vorgesehenen Abstimmung über die Schuld des Piloten für Freispruch plädierten. Noch mehr aber verdeutlicht eine kleine Episode im Nachgang des Urteils, dass mit diesem Urteilsspruch das letzte Wort noch nicht gesprochen ist. Der Berichterstatter der Entscheidung zum Luftsicherheitsgesetz insinuierte seinerzeit in kleiner wissenschaftlicher Runde eine »Lösung« der besonderen Art für den tragischen Entscheidungskonflikt (Vgl. FAZ v. 5. 1. 2007, S. 34): Er hoffe darauf, dass es im Letzten ein verantwortlicher Amtsträger auf sich nehmen werde, das Notwendige zu vollziehen und als Person die Last eines Rechtsverstoßes auf sich zu laden. Das politisch Notwendige(!) soll also moralisch gerechtfertigt, aber zugleich als Verstoß gegen die Menschenwürde verfassungsrechtlich verboten sein. Das Gericht wäscht sich seine Hände in verfassungsrechtlicher Unschuld, hofft aber gleichzeitig auf den rechtswidrig handelnden Amtsträger, der seine persönliche Verantwortung für die Rechtmäßigkeit seiner Handlungen missachten und das verfassungsrechtlich »schlechterdings unvorstellbare«, aber politisch Notwendige exekutieren soll. Blamabler kann sich der Rechtsstaat vor der Frage nach seiner Selbstbehauptungsbereitschaft nicht aus der Verantwortung stehlen. Die darin aufscheinende Doppelmoral könnte allerdings ein Hinweis darauf sein, dass das zu beurteilende Szenario vielleicht doch etwas komplexer ist, als die schneidigen Entscheidungsgründe des Gerichts glauben machen wollen.

## An den Grenzen des Rechts

Tatsächlich führt das Problem der Abwehr terroristischer Anschläge an die Grenzen des Rechts. Denn der Staat bedarf zu deren Abwehr maximaler Handlungsspielräume, um schnell und angemessen reagieren zu können. Entscheidungs- und Verantwortungsverweigerung haben hier keinen Platz. Das hat das Bundesverfassungsgericht 1977 im Fall der Entführung des Arbeitgeberpräsidenten Hanns-Martin Schleyer ebenso zutreffend wie weitsichtig gesehen. Dem Gericht war seinerzeit bewusst, dass das Grundgesetz »eine Schutzpflicht nicht nur gegenüber dem Einzelnen [sc. begründet], sondern auch gegenüber der Gesamtheit der Bürger hat: »Weil die staatlichen Organe in der Lage sein müssten, auf die jeweiligen Umstände des Einzelfalls angemessen zu reagieren, dürften sie von Verfassungswegen nicht auf bestimmte Mittel festgelegt werden; andernfalls würde die Reaktion des Staates kalkulierbar und ein effektiver Schutz seiner Bürger ›unmöglich gemacht‹. Diese Begründung schloss die verfassungsrechtliche Billigung ein, der terroristischen Erpressung des Staates auch auf Kosten des Lebens Schleyers nicht nachzukommen, wie es dann auch tatsächlich geschehen ist.

Demgegenüber liest man in der Entscheidung zum Luftsicherheitsgesetz zur Aufgabe des Staates, »auf die jeweiligen Umstände eines terroristischen Anschlags angemessen reagieren zu können und nicht auf bestimmte Mittel der Gefahrenabwehr festgelegt zu werden«, nichts. Im Gegenteil: Das Gericht versperrt sich seinen Blick auf die terroristische Herausforderung und das sich daraus ergebende Entscheidungsdilemma, indem es absolute Handlungsverbote statuiert. So beruft es sich zur Begründung auf den Höchstwert der Verfassung, die Garantie der unantastbaren Menschenwürde. Diese verbiete eine Instrumentalisierung von Menschen ebenso wie eine Abwägung zwischen den Passagieren im Flugzeug und den prospektiven Opfern am Aufschlagsort. Doch der Rekurs auf die Menschenwürde überzeugt nicht. Schon Immanuel Kant hat den Unterschied von Lebensrecht des Menschen und seiner Würde reflektiert und beide Werte gerade nicht miteinander identifiziert. Im Gegenteil: »Er [sc. der rechtschaffene Mann] kann es nicht erdulden, in seinen Augen unwürdig zu sein. Diese innere Beruhigung... ist die Wirkung von einer Achtung für etwas ganz anderes als das Leben, womit in Vergleichung und Entgegensetzung das Leben vielmehr, mit aller seiner Annehmlichkeit, gar keinen Wert hat.«[1] Daher kann die Aufopferung des Einzelnen als Akt der Selbstgesetzgebung interpretiert und gerechtfertigt werden, weil dadurch das Individuum nur einer Absicht unterworfen wird, »die nach einem Gesetz [sc. möglich ist], welches aus dem Willen des leidenden Subjekts selbst entspringen könnte«. Der Lebensschutz korreliert also nicht mit der Menschenwürde: Zwar muss leben, wer Menschenwürde für sich reklamiert, aber der Tod kann gleichwohl Anerkennung und Ausdruck von Würde sein. So verletzt der Abschuss der dem Tode geweihten unschuldigen Passagiere zwar deren Lebensrecht, aber gerade nicht ihre Würde. Die Flucht des Gerichts in apodiktische und kanonisierte »absolute Werte« dient nur einem Ziel: nicht entscheiden zu müssen, nicht selbst schuldig zu werden. Es ist die Flucht vor der Übernahme von Entscheidungsverantwortung in tragischer Entscheidungslage.

### Die Tragik der Entscheidung in der Ausnahmelage

Das Gericht entzieht sich damit der vornehmsten Aufgabe staatlicher Organe: nämlich auch und gerade in tragischen Entscheidungslagen Entscheidungen treffen zu müssen und damit unter Umständen moralisch Schuld auf sich zu laden: schuldlos schuldig werden. Die antike griechische Tragödie war sich dieser unauflöslichen Tragik menschlichen Daseins in elementaren Entscheidungssituationen immer bewusst. In Ansehung derartiger Ausnahmelagen, in denen in extremer Zeitnot und unter maximaler psychischer Belastung tragische Entscheidungsdilemmata aufzulösen sind, bieten die allgemeinverbindlichen Regeln der Normallage wenig Orientierung und Richtschnur. Die grundsätzlichen verfassungsdogmatischen wie moralphilosophischen Erwägungen, die unter den Bedingungen der Zeitlosigkeit, Ergebnisoffenheit und der – im Nachhinein feststehenden – Tatsachen geführt werden, wirken für solche Entscheidungslagen eigenartig lebensfremd, buchstäblich »aus der Zeit« gefallen.

Wenn aber rechtliche Regeln mit Absolutheitsanspruch nur für den Normalfall formuliert werden können, dann werden sie für existenzielle Ausnahmelagen unvermeidlich unscharf, relativ, vage. In einer solchen Lage höchster psychischer Belastung und maximalen Zeitdrucks macht sich der ebenso elementare wie legitime Wille zur Abwehr, zum Überleben und zur Rettung möglichst vieler Menschen geltend. Auch in solchen extremen Gefahrensituationen müssen die verantwortlichen Akteure handeln und dürfen sich nicht in den scheinbar moralisch sicheren Nischen des Nichts-Tuns verstecken. Wenn in einer solchen Situation nicht alle überleben können, kann daher auch die »Rettung der meisten« ein legitimes Entscheidungskriterium sein. Die Hoffnung des Berichterstatters auf den Amtsträger, der als »bad boy« das Notwendige exekutieren möge, erfasst diese dilemmatische Entscheidungslage mit instinktiver Sicherheit. Umso weniger überzeugt die moralische Überheblichkeit der verfassungsgerichtlichen Entscheidungsgründe, mit dem jede andere Lösung verfassungsrechtlich und moralisch diskreditiert wird. So kann Moral selbst Schuld auf sich laden.

Dirk Diekmann

## *Siege über uns*

*Er las immer Agamemnon statt angenommen,*
*so sehr hatte er den Homer gelesen.*

LICHTENBERG

Wenn ich das Wort »VERBOTEN« sehe, lese ich »VORBO-
TEN«. Je öfter dieses Wort »VERBOTEN« in meine Wahrnehmung hineinragt, desto deutlicher wird mir, dass ich
richtig gelesen habe: Denn in der Tat sind sich mehrende,
neue Verbote Vorboten. Vorboten einer verängstigten Gesellschaft, die sich als oberstes Prinzip die Wahrung ihres
Besitzes auf die Fahnen geschrieben hat. Kunst und Kultur
gehören eher weniger dazu, es sei denn, sie lassen sich geld-
bringend veräußern.

## KUNST

Wenn eine Generation nur ein einziges künstlerisches Meisterwerk hervorbringt, dann kann sie sich glücklich schätzen. Aber finden sich in der Bildenden Kunst oder in der Literatur oder in der Musik und in der darstellenden Kunst noch Künstler*innen und somit Werke, die sogar ihre Zeit überdauern – Werke, die uns überdauern?

Der phänomenale Erfolg von Ferdinand von Schirachs Prosa und seines Erstlingswerks für die Bühne stand bei manchen »Fachleuten« einer fairen Beurteilung zunächst im Wege. Dabei ist sein Theaterstück »Terror« endlich mal eine Herausforderung, die von der Regie und von den Akteuren mit Freude angenommen wird.

Mit »Terror« greift der Autor ein Genre auf, das am Theater fast verschwunden schien. Gerichtsdramen fanden sich noch bis in die Siebzigerjahre auf dem Lehrplan weiterführender Schulen: »Die zwölf Geschworenen« prüft die Urteilsfindung in einem Mordprozess. »Wer den Wind sät« bildet den sogenannten Affenprozess von 1925 ab. In diesem Theaterstück geht es um das gesetzliche Lehr- (und Denk-)verbot von Darwins Evolutionstheorie zugunsten der biblischen Lehre an amerikanischen Schulen. Beide Theaterstücke finden sich nach Ferdinand von Schirachs »Terror« gerade auf den Spielplänen wieder. Sie hinterfragen nicht nur Recht und Wahrheit oder untersuchen die Methoden der Wahrheitsfindung, sondern sie verweisen darauf, dass diese Begriffe mit uns und also mit unserer gesellschaftlichen Verantwortung zu tun haben.

Mit seinen Fragestellungen lenkt Ferdinand von Schirach unseren Blick auf ein Vakuum, ein schwarzes Loch, das uns warnend in einen Denkprozess zieht, aus dem wir nicht so ohne Weiteres herausfinden dürften. Mit »wir« sind weniger Expert*innen und Bedenkenträger*innen der Kunst oder der Juristerei gemeint als vielmehr das ausführende Ensemble und das Publikum.

Die Gravitationskraft wohnt nicht nur dem Sujet inne, sondern wird auch in den Worten erlebbar, die Ferdinand von Schirach für seine Sätze wählt. Die scheinbar schlichte Funktionalität dieser Sätze wirkt zuweilen wie die spiegelnde Oberfläche eines ruhig daliegenden Sees: Sie lockt mit Tiefe, vielleicht assoziiert man mit ihr sogar Kälte, aber wer den Sprung wagt, der wird überrascht sein, wie angenehm es sein kann, einzutauchen in diese Gedankenwelt. Ferdinand von Schirach poliert die einzelnen Worte seiner Sätze, bis sie opak glänzend aus der Tiefe leuchten. Ihre Schönheit scheint durch die Brechung des Lichtes vergrößert, ganz nah und doch nicht greifbar.

Und doch ist Ferdinand von Schirachs Hingabe an das Thema geprägt von der notwendigen Distanz zum Objekt. Die von ihm entworfenen Szenen sind frei von Affekten und Attacken. Das Ungeheuerliche und das Unfassbare des zutiefst Menschlichen werden zum Drama, gerade durch eine einfache, beinahe erregungslose Schilderung. Die Fakten werden Stück für Stück ameisenemsig zusammengetragen zu einer nachvollziehbaren Versuchsanordnung, die uns nicht vorgespielt wird. Sie wird für uns und mit uns durchdacht werden. Die »Bescheidenheit« im Ausdruck scheint mir das Ergebnis seiner Empathie und seines Respekts vor der menschlichen Existenz zu sein.

Seine Kernfrage nach der Wirkung von Moral auf das Recht ist eine Frage nach unseren Werten. Das führt zu unserer Selbstbefragung: Wie leben wir in den Zeiten des Terrors? Wie werden wir in Zeiten einer immer enger werdenden Welt leben wollen? Die sorgsame Nacherzählung eines Vorganges hilft zu verstehen. Uns zu verstehen – auch untereinander. Der Ort, auf dem das stattfinden soll, ist heilig. Auf dem heiligen Bühnenraum wird der heilige Gerichtsraum, der Thingplatz abgebildet.

In »Terror« werden die Zuschauer zu (Laien-) Richtern. Sie entscheiden zwischen schuldig und nicht schuldig. Und indem sie das tun, wird ihnen klar, dass sich in dem Urteil das Dilemma des Piloten zu ihrem Dilemma wandelt: Sie »laden« ebenso wie der Pilot Schuld auf sich. Es gibt keine Gerechtigkeit. Die 164 Toten in diesem Stück stehen nicht wieder auf. Und sie verbeugen sich am Ende der Vorstellung nicht. Sie bleiben in unseren Köpfen, und ihr Tod bleibt ungesühnt.

Es gibt keine Gerechtigkeit – nicht einmal Rechtssicherheit in diesem Stück. Aber es findet etwas statt: Wir sind am Ende nicht klüger, aber wir wissen nach diesem Abend mehr von dem, was wir nicht wissen. Und zum ersten Mal seit Langem hastet das Publikum nicht aus dem Saal, um in der Tiefgarage der Erste am Schlagbaum zu sein oder in der Straßenbahn noch vor den anderen einen Sitzplatz zu erwischen. Die Abstimmung in diesem Theaterstück wird zu einer Probe für unsere Demokratiefähigkeit.

Diese einfache, nicht geheime Mehrheitsentscheidung in der Theaterpause entfachte Ehekrisen, Freundschaften wurden aufgekündigt, neue geschlossen. Enttäuschtes Kopfschütteln, Buhrufe, Beifallsbekundungen noch während der Verkündung des Urteils vor Stückschluss machen klar: Dieses Stück trifft uns bis ins Mark. Seit der Uraufführung dieses Theaterabends ist plötzlich wieder alles möglich. Nicht länger können Theatermacher sich hinter der Behauptung verstecken, das Publikum sei den Anforderungen der Kunst nicht gewachsen.

Die Demokratie ist zurückgekehrt in die Theater. Und mit ihr das Publikum. Ein Meisterwerk.

### ... SAPERE AUDE, INCIPE ...

Dass die Frage nach der Wahrheitsfindung wieder in den Fokus rückt, verwundert angesichts der allgemeinen weltweiten politischen Entwicklung im sogenannten postfaktischen Zeitalter nicht. Die seismografische Kraft des Theaters ist gefordert. Ferdinand von Schirach weiß um diese Kraft des Theaters, und er glaubt an diese Aufgabe. Das ist wichtig, wenn man als Autor beabsichtigt, nicht in Zynismus oder Sarkasmus abzugleiten. Zu dieser seismografischen Arbeit gehört akribische Vorbereitung. Sie ist die Grundbedingung für den Autor, der ja als Anwalt seines gewählten Themas auftritt.

Schirach zeigt auf, dass Wahrheitsfindung die wesentliche Bedingung zur Urteilsfindung ist und sein muss. Dazu gehört aber auch das Bewusstsein, dass die Wahrheit immer wieder neu definiert werden muss und wird. Die Wahrheit ist von unserem jeweiligen wissenschaftlichen Wissensstand abhängig. Dieses Wissen über die Welt verändert sich stetig. Und damit verändert sich unsere Sicht auf Zusammenhänge, auf den Menschen und also auf gesellschaftliche Vorgänge – hoffentlich. Doch ändern sich die Parameter unseres Grundwissens so geschwind, dann ist erhöhte Wachsamkeit geboten, um nicht die Übersicht über die Faktenlage zu verlieren. Denn noch immer gilt: Wer über Wahrheit oder über Wissen verfügt, verfügt über Macht. Wer über Sprache verfügt – oder über den Gebrauch von Sprache –, der- oder diejenige verfügt über Macht. Die Wahrheitsbegriffe, die wir zur Urteilsfindung anlegen, sind zum großen Teil sprachlich definiert.

Die Auslegung von Gesetzestexten erfordert Sensibilität im Umgang mit ebenjener Sprache. Letztlich gilt: Wer Sprache benutzt, muss mit anderen Menschen rechnen.

Die präzise Schilderung des technischen Vorganges beim Abfeuern eines tödlichen Luft-Luft-Lenkkörper-Geschosses durch den Offizier der Luftwaffe in »Terror« ist ein empathischer Vorgang. In dieser Beschreibung breitet sich die Zeit aus – oder auch Raum. Dadurch wird die Dimension einer Handlung überhaupt erst fühlbar, sichtbar. Ferdinand von Schirachs Texte sind immer auch als Hörspiel denkbar und spannend. Diese präzisen Schilderungen von Vorgängen durch seine Figuren, das Herausfinden von mikroskopisch kleinen Details signalisieren: Hier wird etwas ernst genommen. Der Richter, der Staatsanwalt, sie werden zu dem einen Arzt, zu einem Medizinmann, dessen Erscheinen und dessen ritualisierte Bewegungen allein schon Linderung des

Schmerzes versprechen. Die Macht seines Wortes treibt böse Geister aus wie die magischen Merseburger Zaubersprüche die Bandwürmer aus dem Vieh.

Einer seiner Lehrer hatte dem jungen Ferdinand von Schirach einen Satz mit auf den Weg gegeben, den ich Friedrich von Humboldt zuschreiben würde: »Wenn Du vor etwas Angst hast, dann geh hin und schau es Dir an!«

*»Es ist töricht zu glauben, Zivilisation, Kultur oder Bildung würden uns retten.«*
In seiner Salzburger Rede zur Eröffnung der Festspiele im Jahre 2017, einhundert Jahre nach Beginn der Russischen Revolution, spricht Ferdinand von Schirach über die Notwendigkeit einer neuen Aufklärung und singt das hohe Loblied auf die Toleranz. Er schildert den »Fall Jean Calas«, der durch ein religiös-politisch motiviertes Fehlurteil zu Tode kam. Voltaires Empörung über diesen Fall bündelte sich in Briefen, die so wenig nutzten wie heutzutage Unterschriftlisten, die in Theatern kreisen und das Gewissen entlasten.

Voltaire erkannte, dass all sein Einfluss nichts nutzte und dass er nur mit den Mitteln der Kunst gegen die Schwarmdummheit und Schwarmbösartigkeit antreten konnte. Voltaires Reaktion auf den Fall Calas ist für Ferdinand von Schirach sicher auch deshalb so interessant, weil der unbeugsame, sture Voltaire »das tut, was ein guter Schriftsteller immer tun sollte: Er erzählt eine Geschichte. Geschichten berühren uns mehr als philosophische Abhandlung und Briefe (...) die Geschichte beruht auf Tatsachen – ist aber viel interessanter als die Wirklichkeit«. Mit den Mitteln der

Kunst erreicht Voltaire, dass der Fall neu aufgerollt wird. Das Urteil wurde revidiert und die Familie Calas rehabilitiert und entschädigt – weil »ein einzelner Mann sich erhoben hatte und die Geschichte veränderte. Seine Waffen: sein brillantes Gehirn, seine unglaubliche Arbeitskraft, seine Abscheu vor der Ungerechtigkeit und sein Glaube an das Recht. Er hält die Toleranz für das Heiligste der Menschenrechte.«

Voltaires Handeln, so von Schirach, war ein »Trotzdem«: TROTZ der herrschenden Moral, TROTZ des Justizsystems und vor allem – TROTZ der öffentlichen Meinung.

Die Kunst ist keine kugelsichere Weste! Sie ist im besten Falle Ausdruck der Mündigkeit der Menschen. Sie sind zu diesem TROTZDEM fähig. Das zeigt sich in den Menschenrechten. Die Volkssouveränität ist ein Grundpfeiler auf dem Weg zur Demokratie, einem System, in dem alle Menschen ein Mitspracherecht besitzen sollten. Es gilt: Demokratie ist kulturelles Lernen.[2]

In seiner Salzburger Rede nennt Ferdinand von Schirach die Magna Carta, die Bill of Rights, kurz die Verfassungen der freien Welt »Siege über uns selbst!« Dieses Siegen über uns selbst gibt Ferdinand von Schirach auch als Aufgabe an die Kunst und an die Künstler weiter: Unterwerft euch nicht der Schwarmästhetik. Habt Mut, euch eures Verstandes zu bedienen.

Die Kunst kann uns Akte der Vernunft lehren, Akte der Gnade, Akte der Güte. Wir werden sie lernen müssen, wenn wir in einer immer enger werdenden, aus den Fugen geratenen Welt miteinander und nebeneinander überleben wollen.

Mathias Döpfner

# *Artikel 1 ist unantastbar*

*Eine sehr subjektive Rezeptionsgeschichte*

Irgendwann im Spätsommer des Jahres 2010 ging ich mit Ferdinand von Schirach in einem italienischen Restaurant in Berlin essen. Wir saßen draußen, tranken Café und Wasser, aßen kurz und sprachen bis tief in die Nacht. Es war ein Gespräch, das mein Denken veränderte.

Ich schrieb gerade an meinem Buch »Die Freiheitsfalle« und brauchte seinen Rat. Es ging um ein Kapitel über islamistischen Terrorismus, konkret um die Frage, wie die Ermordung Osama bin Ladens zu behandeln sei. Wenn die Freiheitsfalle darin besteht, dass man machtpolitisch scheitert, wenn man die Freiheit nur mit rechtsstaatlichen Mitteln verteidigt, und moralpolitisch scheitert, wenn man sie mit den nicht rechtsstaatlichen Mitteln seiner Gegner verteidigt, dann lag hier ein beispielhaftes Dilemma vor. Als entschiedener Gegner der Todesstrafe widerstrebte mir die Rachetötung. Bin Laden, einen der gefährlichsten Terroristen aller Zeiten, zu töten erschien indes sinnvoll – auch um künftige Anschläge zu verhindern. Müsse sich hier nicht doch der gesunde Menschenverstand über das Prinzip erheben? Schirach brachte mich schnell davon ab. Auch wenn es rein rechtlich die Kategorie des Tyrannenmordes gebe und die Lage hier besonders komplex sei – niemals dürfe sich der gesunde Menschenverstand über das Recht erheben. Ich stimmte zwar im konkreten Fall zu und beschloss, für mein Kapitel ein ambivalentes, suchendes Fazit zu schreiben. Dennoch diskutierten wir weiter. Es gebe Ausnahmen. Und es müsse Ausnahmen geben.

Schnell kamen wir auf andere Beispiele. Das Massaker des norwegischen Rechtsradikalen Breivik. Hier müsse ja wohl die Sicherheit der potenziellen Opfer vor den Buchstaben des Rechtes stehen. Auch hier hielt Schirach schnell und sehr überzeugend dagegen. Ganz im Gegenteil sei dies ein wunderbares Beispiel, wie sich durch souveräne politische Führung der Rechtsstaat eben nicht im Gefühl des Augenblicks habe korrumpieren lassen. Und er zitierte sinngemäß den damaligen norwegischen Premierminister (und heutigen Nato-Generalsekretär) Stoltenberg: »Wir werden unsere Werte nicht aufgeben. Unsere Antwort lautet: mehr Demokratie, mehr Offenheit, mehr Menschlichkeit. Wir werden der Welt zeigen, dass die Demokratie stärker wird, wenn es auf sie ankommt.« Ich musste Schirach kleinlaut recht geben.

Nun aber glaubte ich, das schlagende Beispiel für die berühmte Ausnahme, die die Regel außer Kraft setzt, gefunden zu haben. Den Fall Metzler. Mit Fritz von Metzler war ich seit vielen Jahren befreundet und kannte aus vielen erschütternden Gesprächen das schreckliche Schicksal seines entführten und dann ermordeten Sohnes Jacob, die absurden, höhnischen juristischen Winkelzüge seines Mörders Gäfgen und die tragische Verurteilung des Frankfurter Polizisten Wolfgang Daschner, der dem Entführer Folter angedroht, nur angedroht hatte, um das Versteck des entführten Kindes herauszufinden und es zu retten. Mit diesem besonders krassen Fall glaubte ich, Schirach überzeugen zu können. Aber er überzeugte mich. Selbst in diesem Fall steht das Recht über dem Gefühl und der guten Absicht. Folter, auch die Androhung von Folter, ist immer falsch. Selbst im Dienste der allerbesten Absicht. Der erste Tabubruch bewirkt den nächsten, öffnet die Schleusen. Und wer definiert demnächst die gute Absicht? So viel Schreckliches begann im Namen »guter« Absichten. Die größten Massenmörder der Geschichte begannen mit »guten« Absichten und töteten im Namen der »guten« Absichten. So oft in der Geschichte brach sich das Unrecht Bahn, indem der vermeintlich gesunde Menschenverstand über das Recht gestellt wurde. Weil hinterher niemand mehr die Grenze zieht. Wenn das Prinzip der Prinzipienlosigkeit etabliert ist, gibt es kein Halten mehr.

Nein, der Polizist musste verurteilt werden, auch wenn er in bester Absicht gehandelt hatte. Auch wenn man in ihm einen Helden sehen mag, der das Leben eines Kindes retten wollte. Mein Gesprächspartner sagte immer wieder: Das Gefühl, der gesunde Menschenverstand, dürfe eben nie über dem Recht stehen. Vielmehr – so Schirach, der mir das Gleiswärter-Experiment erläuterte, das er später in »Terror« ausführlich behandeln sollte – sei es geradezu die Aufgabe des Rechtes, uns vor unserem gesunden Menschenverstand zu schützen. Das Recht bewahrt das Individuum davor, der eigenen Intuition – mit all ihren Fehlbarkeiten – zu folgen. Deswegen stehe das Recht immer über dem (Mit-)Gefühl. Und das Prinzip über dem Pragmatismus. Nur das Recht schütze die Würde des Menschen.

Mit diesem so irritierenden Kerngedanken drang Schirach an diesem Abend in das Innerste meines Denkens ein. Ich denke seither anders. Ich begreife seither das Denken und Schreiben Ferdinand von Schirachs anders. Als dann etwa fünf Jahre später das Theaterstück »Terror« entstand, war schnell klar, dass ich in diesem Stück mein persönliches Exempel gefunden hatte, das ich jedem vorhielt, mit dem ich über Rechtsstaat, Terrorismus und Urteilskraft diskutierte. Kein Buch habe ich so oft verschenkt wie »Terror«. Auf kein Werk beziehe ich mich in Gesprächen so oft wie auf dieses, Manns »Zauberberg« und Fontanes »Stechlin« inbegriffen. Kein Werk halte ich derzeit für einen so zentralen Diskussionsbeitrag zu den Herausforderungen einer offenen Gesellschaft, die durch rechtsradikalen, linksradikalen und islamistischen Terrorismus, durch Populismus und Polarisierung in ihrer Grundarchitektur erschüttert wird. Denn es ist ein Werk, das zu unserem Innersten vordringt, indem es uns zu Akteuren macht. Indem es uns zwingt zu entscheiden.

Wir können nicht dasitzen und konsumieren, abwarten und abwägen. Wir müssen entscheiden. Jetzt. A oder B. Schuldig oder unschuldig.

Schirachs »Terror« ist interaktive Dramaturgie, lange be-

vor es im TV oder als Stream »Black Mirror: Bandersnatch«
oder »Minecraft: Story Mode« gab. Der Zuschauer stimmt
ab, wie es weitergehen soll. Und im Fall von »Terror« wird
weitergespielt, was die Mehrheit will. Verurteilung oder
Freispruch. Gefängnis oder Freiheit. Und beides kann man
gut begründen.

Ungemütlich.

Besonders ungemütlich für das Publikum ist, dass Schirach es allen wirklich schwermacht, indem er die Argumentation von Staatsanwalt, Rechtsanwalt und Zeugen so
überraschend und quälend dialektisch gestaltet. Es ist keine
Pseudoentscheidung eines vom Autor geschickt gelenkten
und manipulierten Publikums. Es ist ein echtes Ringen um
die richtige Entscheidung. Und die Entscheidung hat – wie
das Wort »entscheiden« andeutet, denn »entscheiden« bedeutet das Schwert aus der Scheide ziehen – Konsequenzen.
Verurteilung oder Freispruch.

Der Beweis für das so ernsthaft wie gewissenhaft ziselierte
dialektische Dilemma ist das Abstimmungsergebnis der bisher mehr als 2446 Aufführungen an etwa 55 deutschen
und 46 internationalen Bühnen. Etwa 1382 Mal wurde in
Deutschland der Angeklagte Lars Koch unschuldig und nur
88 Mal schuldig gesprochen. Zusammen mit den Aufführungen im Ausland wird er in nur 190 von 2446 Fällen für
schuldig erklärt. (Stand: Frühjahr 2020)

Die Pointe daran ist: Ferdinand von Schirach macht
nicht den geringsten Hehl daraus, dass er die Verurteilung
des Kampfpiloten Lars Koch für richtig, ja juristisch für
die einzig vertretbare Entscheidung hält. Es ist ja geradezu

seine Mission, der Willkür des gesunden Volksempfindens die strenge Regel des rechtsstaatlichen Rahmens zu setzen. Deswegen kann es nur die Verurteilung geben. Auch wenn wir finden, dass der junge, sympathische Kampfpilot nicht nur nachvollziehbar und ehrenhaft, sondern vielleicht sogar mutig und heldenhaft, ja vielleicht einfach richtig gehandelt hat. Auch wenn wir überzeugt sind, dass er nur das Beste für die 70 000 Insassen des Fußballstadions in München wollte. Auch wenn wir selbst vielleicht genauso gehandelt hätten. Auch wenn deshalb der Angeklagte direkt nach seiner Verurteilung vielleicht wieder begnadigt werden müsste. Aber legitimiert werden darf sein rechtswidriges Handeln eben nicht. Denn es gibt das Gesetz. Und das Gesetz hat recht. Ein Menschenleben darf nicht gegen ein anderes oder gegen viele andere abgewogen werden (so wie man kein unwertes Leben von wertvollen unterscheiden darf).

Starr und lebensfremd theoretisch sei diese Haltung. Sagt die Mehrheit. Und hat die Mehrheit in einer Demokratie nicht recht? Aber was sagt die Mehrheit denn zur Aussage der Witwe eines Passagiers, dass ihr Mann möglicherweise gemeinsam mit anderen Passagieren kurz davor war, die Terroristen im Cockpit zu überwältigen? Vielleicht wären also alle 164 Passagiere gerettet worden, wenn der Kampfpilot sich an das geltende Gesetz gehalten und die Maschine nicht abgeschossen hätte? Wir haben keine gute Antwort, außer, dass uns das Gefühl sagt, 70 000 Menschenleben sind wichtiger als 164. Oder genauer: 70 000 wahrscheinlich gerettete Menschenleben sind wichtiger als 164 sicher getötete.

Und genau dieses Gefühl setzt sich beim Publikum durch. Gegen den heimlichen und wirklich im Stück selbst sehr gut und bewundernswert fair versteckten Willen des Autors. Im öffentlichen Gerichtssaal der deutschen und internationalen Theater siegt der gesunde Menschenverstand. Unschuldig findet die Mehrheit. Der Autor ist gescheitert. Oder eben nicht. Denn indem er beweist, was er befürchtet, belegt er, wie wichtig es ist, Stücke wie »Terror« zu schreiben.

Nie – außer vielleicht in der Triage, wenn Notfallmediziner während der Corona-Pandemie ihre Rettungsmaßnahmen priorisieren müssen – darf ein Menschenleben gegen ein anderes abgewogen werden. Nie darf ein Leben weniger zählen als viele.

Denn es gilt: Artikel 1 ist unantastbar.

Bei der Uraufführung von »Terror« am 3. Oktober 2015 nahm ich zwei meiner Söhne (der eine 10, der andere 14) mit. Sie hatten das Stück zuvor nicht gelesen. Waren nur durch zahlreiche Gespräche darauf vorbereitet, dass sie hier im Theater große Verantwortung haben. Dass das emotional Naheliegende nicht unbedingt das Richtige ist. Um es ehrlich zu sagen: Sie waren von mir schon ein wenig manipuliert. Dennoch entschieden beide am Ende wie die Mehrheit. Freispruch. Ich war enttäuscht. Und schob es der Inszenierung in die Schuhe.

Ein Jahr später kam der Fernsehfilm. Das große multimediale Massenhappening der ARD. Ganz Deutschland stimmt ab. Der Lackmustest des nationalen Volksempfindens. Ich lud die Chefredakteure des Axel Springer Verlages zu einer Voraufführung des Films. Sie kannten meine Begeisterung. Sie kannten meine Haltung. Und mein Abstimmungsverhalten. Dennoch stimmten fast alle für Freispruch.

Bei der deutschsprachigen Bevölkerung fiel das Urteil noch eindeutiger aus. »*Terror* – Ihr Urteil« hieß der Fernsehfilm des Regisseurs Lars Kraume, der am 17. Oktober 2016 erstmals im Abendprogramm der ARD und zeitgleich im ORF und des SRF ausgestrahlt wurde. Schirach war neben Oliver Berben und Lars Kraume auch am Drehbuch des Films beteiligt. Mit einer Mehrheit von 86,9 Prozent entschieden sich die Zuschauer in Deutschland im Rahmen der Abstimmung im Anschluss des Films für einen Freispruch von Lars Koch, 13,1 Prozent stimmten für einen Schuldspruch. 6,88 Millionen Menschen sahen den Film damals in der ARD. Das entspricht einem Marktanteil von mehr als 20 Prozent. Eine Mehrheit mit Masse also.

Der Erfolg des Films tat dem Erfolg des Theaterstücks keinen Abbruch. Bis heute gehört »Terror« zu den erfolgreichsten Theaterstücken der jüngeren Geschichte. In den Spielplänen der letzten Jahre rangiert es verlässlich auf Platz eins oder zwei zwischen oder vor Goethes *Faust* und Lessings *Nathan der Weise*.

Natürlich und Gott sei Dank blieb ein so spektakulärer Erfolg nicht ohne Häme und Kritik. Der FDP-Politiker Burkhard Hirsch schrieb in der FAZ vom 01.08.2016: »In meinen Augen ist das Effekthascherei mit einem Vorgang, bei dem es um die Menschenwürde und die Wahrung der Grundrechte, die Substanz der Bundesrepublik, geht.« Und der Bundesrichter Thomas Fischer schrieb in der ZEIT vom 18.10.2016: »Ich meine nämlich, dass Autor, Verlag und

Medien ein übles Spiel zu Lasten der Bürger spielen. [...]
Wer Unrecht und Schuld in eins setzt, fällt um Jahrhunderte (!) hinter unsere Rechtskultur zurück und benutzt
seine Zuschauer als Gaudi-Gäste für eine Rechtsshow der
billigen Sorte. [...] Die lieben Zuschauer werden nach Strich
und Faden verarscht, und zwar sowohl vom rechtsgelehrten
Autor als auch vom quotengeilen Sender.«

Dass den Kritikern dabei auch der Neid auf den Erfolg
des Juristen und Autors die Formulierungen hat entgleiten lassen, wollen wir nicht unterstellen. Wohl aber: Kritik wie dieser fehlt die Unterscheidungsfähigkeit zwischen
Kunst und einem juristischen Seminar. Kunst darf und muss
vereinfachen, überzeichnen, emotionalisieren und zuspitzen wie eine gute Boulevardzeitung. Der erste Boulevardschriftsteller dieser Art hieß Heinrich von Kleist. Sein Pendant unserer Tage ist Ferdinand von Schirach.

Von Schirachs gesamtes bisheriges Werk hat einen einzigen leuchtend roten Faden. Die Verteidigung von Artikel 1
unserer Verfassung mit literarischen Mitteln.

Der rastlose und erfolgreiche Strafverteidiger hat sich
eines Tages eines wirkungsvolleren Mittels bedient als dem
des Strafrechts. Dem der Sprache. Der Gedanken. Der Kunst.

Dass er dabei auch von seiner eigenen Familiengeschichte
geprägt wird, kann niemand übersehen. Der Enkel von NS-Reichsjugendführer Baldur von Schirach und Sohn des mit
42 Jahren durch diese Bürde und Alkoholabhängigkeit in
den Tod getriebenen Robert von Schirach gestaltet die Antwort auf dieses offenkundige Trauma auf wirkungsmächtigste Weise.

Das zur Phrase erstarrte »nie wieder« wird hier aufs Kunstvollste dekonstruiert zum Programm. Und dieses Programm schützt die Würde des Menschen mit jedem Werk und jedem Wort. Schon in seinem ersten Buch »Verbrechen«, einem Kurzgeschichten-Kaleidoskop, geht es in kurzen, harten Sätzen um die Unberechenbarkeit und Zwiespältigkeit von Schuld und Unschuld. Es ist kein relativistischer Ansatz. Aber einer, der die Ambivalenzen aufzeigt. Und eben deshalb die Würde von Opfer und Täter absolut setzt. Es gibt sie fast nie, die eine einfache Wahrheit.

So ist es auch in »Terror«. Ganz im Sinne von Theodor Fontane. Der lässt den alten Dubslav von Stechlin sagen: »Unanfechtbare Wahrheiten gibt es gar nicht. Und wenn es welche gibt, dann sind sie langweilig.« So führt Ferdinand von Schirach seine Leser und Zuschauer auf verschlungene Nebenwege und Irrwege, um sie selbst in ihrer eigenen Urteilssicherheit zu verunsichern. Deshalb ist auch die Rezeption dieses Werks integraler Bestandteil der eigentlichen Kunstidee. Dass das Publikum anders urteilen könnte, als es dem Autor richtig erscheint, und anders, als das geltende Recht es vorsieht, ist kein Unfall, sondern der eigentliche Einfall. Erst diese Verunsicherung gibt dem Stück seinen Sinn. Nur in dieser Verunsicherung führt es zurück zu von Schirachs rotem Faden:

Die Würde des Menschen ist unantastbar.

Ich jedenfalls urteile seit »Terror« anders. Und Sie?

Robert Habeck

# Zweierlei Müssen

*Zwischen Renegade und Renegaten*

Während meiner Amtszeit als Schleswig-Holsteinischer Umweltminister wurde ab und an Renegade-Alarm ausgelöst, und ich wurde direkt informiert, dass die Atomkraftwerke vorsorglich geräumt würden. Renegade, zu Deutsch Überläufer oder Abtrünniger, ist der Fachbegriff für Flugzeuge, die als Waffen eingesetzt werden könnten. Renegade-Alarme werden immer wieder ausgelöst, weil ein Flugzeug von der Route abweicht, der Funkkontakt abbricht, Codes falsch eingegeben werden. Wenn der für die Atomsicherheit zuständige Minister, der ich damals war, informiert wird, dann ist der Alarm fortgeschritten; die Fliegerstaffel war bereits in der Luft.

Ich erinnere mich noch genau an das Gefühl, als mir an meinem ersten Diensttag der Krisen-Ordner übergeben wurde und ich kurz danach die Sicherheitsschulung erhielt: Angriffe auf Atomkraftwerke, auf die Energieinfrastruktur wie Stromnetze, Lebensmittel- oder Tierseuchen, Wasserknappheit und Gasvorräte – fast physisch wurde mir klar, welche Verantwortung ich jetzt hatte. Allerdings war es eine der Vorsorge: die Verantwortung für die technische Sicherheit, Reserveleistungen oder für die Räumung. Aber in solchen Momenten wird Verantwortung konkret. Sie betrifft das direkte Handeln.

Ein Renegade-Fall steht auch im Mittelpunkt von Ferdinand von Schirachs »Terror«, Hauptfigur ist der Major Lars Koch. Als mit einem entführten Flugzeug vermutlich ein Terroranschlag verübt werden soll, weist der Verteidigungsminister Lars Koch an, dass nicht geschossen werden darf. Er wiederholt dies auch auf zweimalige Nachfrage des Majors und entspricht damit einem Urteil des Bundesverfassungsgerichts, das den Abschuss in solchen Situationen verbietet. Major Koch schießt dennoch. Er stellt sein Gewissen über die Befehlskette, seine moralischen Überlegungen über das Recht.

Schirach stellt ihn damit argumentativ in eine Ahnenreihe, von Fletcher Christian, dem Anführer der Meuterei auf der Bounty, bis zu Robin Hood. Alle Renegaten zu jeder Zeit beriefen sich auf ein höheres Naturrecht, das über den Gesetzen steht.

»Wo Recht zu Unrecht wird, wird Widerstand zur Pflicht, Gehorsam aber zum Verbrechen!« Angeblich soll Bertolt Brecht das gesagt haben, allerdings weiß niemand, wo und wann. Dass man die Quelle nicht aufklären kann, ist ein sprechendes Bild dafür, dass es sich hierbei um eine Universalbegründung handelt, die jede und jeder heranziehen kann. Egal ob es gegen Atomkraftwerke, Abtreibung, Ausländer, Ausländerhasser, Abgabenordnung, Asylrecht – mal nur für den Buchstaben A – oder was auch immer gehen soll, schreibt Heinrich Schmitz in »The European«. Als ich in Hamburg Zivildienst leistete, prangte der Widerstand-zur-Pflicht-Spruch von den besetzten Häusern der Hafenstraße. Heute steht er auf der Homepage der AfD.

Von Schirach lässt bei seinen Aufführungen das Publikum abstimmen. In der Regel, so habe ich es den Zeitungsberichten entnommen, wird der Angeklagte freigesprochen. Meist in einem Verhältnis von 60:40. Bei der Fernsehaufführung des Stücks in Deutschland, Österreich und der Schweiz war das Verhältnis noch deutlicher. Etwa 85 Prozent der Zuschauer votierten für Freispruch. Offensichtlich steht die Rechtsprechung unseres höchsten Gerichts, das Agieren der Bundesregierung im Theaterstück und die Meinung des Autors selbst im eklatanten Widerspruch zur Mehrheitsmeinung der Bevölkerung. Und nicht nur da. Als der Frankfurter Polizeipräsident Wolfgang Daschner 2002 Magnus Gäfgen, dem Entführer eines kleinen Jungen, Folter (»unmittelbarerer Zwang«) androhen ließ, um das Kind retten zu können, sprachen sich in einer Umfrage 63 Prozent dafür aus, dass Daschner nicht bestraft werden sollte. Und wenn Deutsche als Täter des sogenannten Islamischen Staates in ausländischen Gefängnissen sitzen, ist eine überwältigende Mehrheit der Meinung, dass sie da mal bleiben sollen.

Ich glaube, jede und jeder kann diesen unmittelbaren Drang, zu retten und zu schützen, koste es, was es wolle – nachempfinden. Und wahrscheinlich jede und jeder ist leicht verleitet, das eigene Rechtsempfinden für absolut zu halten. Man ist versucht, dies als Entwicklung der Moderne zu lesen.

Durch die Erfindung der Freiheit des Individuums, Luthers »Hier stehe ich, ich kann nicht anders«, ist der Konflikt zwischen Individuum und Norm, Gesetz und Gewissen immer schärfer geworden. Aber gerade die Aufklärung hat dazu geführt, dass allgemeine Normen formuliert wurden, auch solche, die heute noch unsere Verfassung prägen. Nach der sogenannten Zweckformel von Immanuel Kant ist der Mensch selbst ein »Zweck« an sich, »niemals bloß Mittel«. Der Zweck aber ist »das, was dem Willen zum objektiven Grunde seiner Selbstbestimmung dient«. Den Menschen macht aus, dass er andere Menschen nicht zum Objekt macht. Genau das aber tut Lars Koch in »Terror«, indem er die Menschen im entführten Flugzeug einer Rechnung unterwirft: wie viele Menschenleben gegen wie viele andere Menschenleben?

Wenn man sich vorstellt, selbst in einer solchen Situation zu sein, als verantwortlicher Minister, als Pilot entscheiden zu müssen, wer darf leben, wer nicht, kommt man an eine Grenze. Es ist die denkbar schwerste Entscheidung, vor die man gestellt sein kann. Und vermutlich jeder hofft, dass er oder sie sie nie wird treffen müssen. Die Sympathie, die man mit dem Piloten hat, rührt daher. Dass man selbst nicht weiß, wie man in der Situation entscheiden würde, dass man mit jenem mitleidet, der eine solche Entscheidung treffen muss.

Aber genau genommen ist die Frage, über die von Schirach abstimmen lässt, nicht die Frage: »Wie hätten Sie sich

entschieden, wenn Sie der Pilot gewesen wären?«, sondern:
»War seine Entscheidung rechtens?« Ein feiner Unterschied,
der aber aufs Ganze geht.

Der Konflikt zwischen dem Recht und der gesellschaftlichen Norm einerseits und andererseits dem individuellen
wie übersteigerten Anspruch des Einzelnen, Träger einer
höheren Moral zu sein, beschäftigt das Theater, seitdem es
erfunden wurde. Schon ganz am Anfang der theatralischen
Auseinandersetzung des Abendlandes, bei Sophokles' Antigone, steht er im Zentrum. Die Wucht des Schirach'schen
Stücks rührt sicher auch zum Teil daher, dass es in dieser
ältesten theatralischen Tradition steht. Bei Sophokles stellt
sich Antigone gegen das Gesetz und den König Kreon und
beerdigt ihren Bruder Polyneikes, obwohl er als Verräter
unbestattet bleiben soll. Letztlich wird sie deshalb selbst
zum Tode verurteilt.

In der Neuinterpretation des Stücks von Jean Anouilh
wird der Konflikt deutlicher noch als bei Sophokles nicht
mehr als einer in der Sache dargestellt, sondern als einer
ums Prinzip. »Ich kann Nein zu allem sagen, was ich nicht
liebe. Ich bin letzter Richter«, sagt Antigone. Kreon hingegen geht es um das Recht als allgemeine Norm, das den All-
tag pragmatisch regelt und den Rahmen vorgibt, innerhalb
dessen immer Kompromisse möglich sind. Er hat sich vorgenommen, »die Ordnung dieser Welt etwas weniger sinn-
los zu gestalten«. Er sei »eines Morgens erwacht und war
König von Theben. Und weiß Gott, ich liebte andere Dinge,
als mächtig zu sein ...« Antigone hält dem entgegen: »Dann
hättest du ›Nein‹ sagen sollen ...« Kreon: »Ich konnte es

nicht. Es schien mir nicht ehrenhaft.« Antigone: »Dann ist euch nicht zu helfen. Ich habe nicht ›Ja‹ gesagt…« Der Protest des Gewissens wird so zu einer leeren Geste, die Freiheit, auch die des reinsten Selbst, wird zu einer Verneinung von allem und jedem. Und aus der Souveränität des Handelns wird ein Determinismus des Handeln-Müssens.

Nuancierter und balancierter führt uns diese Verschiebung auch von Schirach vor. Ganz am Ende der Rede des Verteidigers, Biegler, sagt dieser: »Aber wir müssen begreifen, dass wir im Krieg sind. Wir haben es uns nicht ausgesucht, aber wir können es nicht ändern. Und Kriege, auch wenn das heute niemand mehr hören will, gibt es nun einmal nicht ohne Opfer.«

Bei einem Stilisten wie von Schirach kann man davon ausgehen, dass kein Wort aus Versehen geschrieben wurde. »Wir können es nicht ändern« ist ein antigonesischer Fatalismus. Die Verteidigung des Verteidigers kommt nicht ohne die Postulation eines Kriegszustandes aus, der dann begründet, warum die Entscheidung des Individuums über dem Recht steht.

Als ich das Stück das erste Mal las, war ich aufseiten des Angeklagten. So wie ich früher aufseiten der Antigone war. Aber als ich das Stück aufgeführt sah, kippte meine Sympathie. Sie kippte genau an dieser Stelle. Denn wenn man eine Entscheidung moralisch begründet, setzt das voraus, dass man frei ist, sie zu treffen oder sie nicht zu treffen. Sonst würde die Rede von Schuld oder Unschuld keinen Sinn machen. Wenn man aber zur Begründung der maximal moralischen Freiheit einen Zustand des politischen Determinismus, nämlich Krieg, annehmen muss, dann kippt das Argument in sein Gegenteil (davon einmal abgesehen, dass man ja auch im Krieg noch Alternativen hat und sich bewahren sollte). Denn wenn einer dies für sich in Anspruch nehmen kann, dann kann es jeder tun. Ja, jeder muss es tun, weil er ja sonst unmoralisch handeln würde. Damit wird aus der individuellen moralischen Entscheidung eine allgemeingültige. Und aus einem Recht auf Widerstand (das es zweifelsohne gibt) eine »Pflicht«.

Die individuelle Pein und Not, in einer der schwierigsten Situationen, die man sich vorstellen kann, eine Entscheidung treffen zu müssen, schlägt also in einen moralischen Rigorismus um, die Entscheidung nur so und genau so treffen zu müssen. Und »müssen« meint in diesem Fall nicht das Gleiche. Einmal heißt es, man kann einer Situation nicht ausweichen, man muss entscheiden, und auch Nichtstun lädt eine Schuld auf sich. Das ist der tragische Konflikt. Das zweite Müssen aber ist eine Handlungsanweisung. Im Grunde folgt aus ihr ein Imperativ. Demnach hätte Major Koch nicht nur richtig gehandelt, alle weiteren Piloten müssten in entsprechenden Situationen genauso handeln. Das wiederum würde jede Grenze, die dem Schutz der Würde dient, aushebeln. Oder anders: Koch ist kein Held. Nicht, weil er nicht glaubt, einer zu sein, sondern weil Heldentum in einem Rechtsstaat nicht über dem Recht stehen kann. Es sind für Helden keine einfachen Zeiten. Das nennt man zivilisatorischen Fortschritt.

Als mir die Verantwortung für die kritische Infrastruktur in Schleswig-Holstein übertragen wurde, flößte mir das größten Respekt ein. Mir half damals das Wissen, dass es nicht mir, Robert, mit all seinen Fehlern, Schwächen und Skrupeln, übertragen wurde, sondern der Amtsperson, die ich war. Das schützte mich. Ich sagte Ja zu einer Verantwortung, die ich als Privatperson nie hätte haben wollen. Umgekehrt aber gilt das auch: Als Privatpersonen müssen wir uns darauf verlassen, dass unsere Amtsträger und Repräsentanten des Staates sich an die gemeinsamen Regeln halten. Und dass sie sie leben. Das Gewaltmonopol des Staates ist weitgehend. Entsprechend müssen wir darauf vertrauen können, dass es nur rechtens angewandt wird. Moral steht nicht über Recht.

Franz Josef Jung

# Ist der Abschuss eines Flugzeugs im Fall von Terror geboten?

Am 16. September 2007 erschien ein Artikel im Magazin *Spiegel* mit der Überschrift: »Jung würde entführtes Flugzeug abschießen lassen.«

In dem Artikel wurde weiter ausgeführt: »Verteidigungsminister Jung gibt sich hart: Der CDU-Mann würde ein entführtes Passagierflugzeug bei einem Terrorangriff abschießen lassen – auch ohne gesetzliche Grundlage. In einem solchen Fall würden aber nur Bundeswehrpiloten eingesetzt, die keine Bedenken gegen einen Abschussbefehl haben.«

Auch in der *Frankfurter Allgemeinen Zeitung* erschien ein Artikel mit der Überschrift: Terrorabwehr: »Jung: Entführtes Flugzeug notfalls ohne Gesetz abschießen.«

Die gesamte Medienlandschaft berichtete sehr kritisch über meinen Vorschlag, und auch die versammelte Opposition einschließlich der Regierungspartei SPD lehnten meinen Vorschlag rigoros ab. Im Rahmen einer aktuellen Stunde des Deutschen Bundestages musste ich mein Vorgehen gegenüber dem Parlament rechtfertigen.

Worum ging es mir mit diesem Vorschlag?

Zum Jahrestag des Terroranschlags in New York vom September 2001 wollte ich insbesondere gegenüber Terroristen deutlich machen, dass wir nicht ohne Abwehr auf einen solchen Terrorangriff reagieren.

In der Debatte des Deutschen Bundestages am 19. September 2007 habe ich darauf hingewiesen, dass aus meiner Sicht nach der Entscheidung des Bundesverfassungsgerichts eine grundsätzliche Klarstellung hinsichtlich der Situation des Abschusses von Flugzeugen im äußersten Notfall notwendig ist.

Dass dies keine fiktive Debatte sei, werde daran deutlich, dass beispielsweise Verteidigungsminister Georg Leber im Rahmen der Schlussfeier der Olympischen Spiele in München erlebt hatte, dass eine Bedrohungslage vorhanden war hinsichtlich eines von Terroristen gestohlenen einmotorigen Flugzeugs, das über dem Olympiastadion in die Schlussfeier hinein Bomben werfen wollte. Georg Leber berichtet in seinen Memoiren, dass auch der damalige Bundeskanzler Willy Brandt eine Abwehr des befürchteten Verbrechens durch die Luftwaffe für notwendig gehalten habe.

Zum Glück hat sich dann diese Situation als nicht zutreffend erwiesen. Georg Leber schreibt aber weiter: Es wäre gut, wenn der Fall einmal juristisch und politisch aufgearbeitet würde. Niemand kann ausschließen, dass es sich in ähnlicher Form wieder einmal ereignet.

In der Debatte des Deutschen Bundestages bin ich auch auf die Entscheidung des Bundesverfassungsgerichts eingegangen, das formuliert hat: Im äußersten Notfall ist ein Abschuss eines unbemannten Flugzeugs oder eines nur mit Terroristen besetzten Flugzeugs auf der Basis des Art. 35 des Grundgesetzes möglich.

Derzeit war aber im Grundgesetz nur von polizeilichen Mitteln gesprochen worden, und deshalb müsste aus meiner Sicht eine Klarstellung hinsichtlich des Einsatzes der Bundeswehr in einem solchen Terrorfall erfolgen.

Ich habe dann weiterhin in der Debatte darauf hingewiesen, dass, solange für diesen Fall keine verfassungsrechtliche Klarstellung vorgenommen worden ist, aus meiner Sicht die Situation des Notstandes gegeben ist. Der übergesetzliche Notstand ist Teil unserer Rechtsordnung. Auch hat das Bundesverfassungsgericht formuliert: Dabei braucht der Senat nicht zu entscheiden, ob und gegebenenfalls unter welchen Umständen dem Grundgesetz über die mit der Notstandsverfassung geschaffenen Schutzmechanismen hinaus eine solche solidarische Einstandspflicht entnommen werden kann.

Ich habe deutlich gemacht, dass die aus dem Grundgesetz folgenden Schutzpflichten gegenüber unseren Bürgerinnen und Bürgern es verbieten, dass wir vor extremen Situationen die Augen verschließen.

Klare Vorgaben und Rechtssicherheit wären deshalb aus meiner Sicht notwendig. Solange dies aber nicht der Fall ist, muss auch im Hinblick auf terroristische Angriffe in einem solchen Umfang klar sein, dass der Staat handlungsfähig ist. Unsere Soldaten können sich darauf verlassen, dass nur ein Befehl erteilt wird, wenn unter Berücksichtigung aller tatsächlichen und rechtlichen Gesichtspunkte keine andere Möglichkeit mehr gegeben ist.

Nicht nachvollziehen kann ich die Aussage des Berichterstatters des Bundesverfassungsgerichts, Herrn Hömig, der in der FAZ vom 5. Januar 2007 mit den Worten zitiert wird: Er habe darauf gehofft, dass es im Letzten ein verantwortlicher Amtsträger auf sich nehmen würde, das Notwendige zu vollziehen und als Person die Last eines Rechtsverstoßes auf sich zu nehmen.

Ich habe immer wieder deutlich gemacht, dass aus meiner Sicht wehrhafte Demokratie und Rechtsstaatlichkeit bedeuten, dass auch verheerendste und menschenverachtendste Angriffe auf unser Gemeinwesen nicht außerhalb der Rechtsordnung, sondern gerade mit den Mitteln der Rechtsordnung bekämpft werden müssen.

Auch Ferdinand von Schirach setzt sich in seinem Gerichtsdrama »Terror« kritisch mit meiner Position auseinander.

Das Theaterstück, das in vielen Schauspielhäusern gezeigt wurde, hat eine erhebliche Resonanz gefunden.

Die Abstimmungen, die nach den Aufführungen durchgeführt wurden, haben immer eine Mehrheit für meine Position ergeben. Auch der Fernsehfilm »Terror«, der von der ARD gezeigt wurde, hat eine eindeutige Mehrheit sowohl in Deutschland als auch in der Schweiz und Österreich für meine Position ergeben. In Deutschland waren 86,9 Prozent des Publikums meiner Auffassung.

Es ist einzuräumen, dass eine derartige Entscheidung zur Rettung von unschuldigem Leben mehr als schwierig zu treffen ist.

Die Argumentation allerdings, dass beim Abschuss eines Flugzeugs die Würde der Menschen verletzt würde, kann ich deshalb nicht nachvollziehen, da diese Menschen letztlich dem Tod geweiht sind und es somit um die Würde der zu rettenden Menschen geht.

Auch der Hinweis des Bundesverfassungsgerichts, dass es keine Abwägung zwischen Leben und Leben gebe, geht an der Realität deshalb vorbei, da beispielsweise die Personen im Flugzeug von New York überhaupt keine Chance zum Überleben hatten.

Im Übrigen findet beispielsweise im Zusammenhang mit der Abtreibung, wenn es um das Leben der Mutter und das Leben des Kindes geht, eine Abwägung zwischen Leben und Leben statt. Gerade der übergesetzliche Notstand, der nur in bestimmten Ausnahmefällen in Betracht kommt, da er gerade im Gesetz nicht nominiert ist, beschränkt sich auf ganz außergewöhnliche und unauflösbare Gewissenskollisionen.

Die größte Schwierigkeit und somit der größte Gewissenskonflikt für den Verteidigungsminister besteht darin, den richtigen Zeitpunkt der Entscheidung zu treffen, und zwar insofern, als die Menschen im Flugzeug keine Chance mehr zum Überleben haben.

Nur für diesen Fall kommt auch der übergesetzliche Notstand in Betracht.

Deshalb geht auch die Argumentation der Kritiker an

der Tatsache vorbei, dass ich nicht ein Flugzeug abschießen wollte, das mit unschuldigen Menschen besetzt ist.

Mir ging es entscheidend darum, das Leben von unschuldigen Menschen zu retten, wenn die Menschen in dem abzuschießenden Flugzeug sowieso keine Chance mehr zum Überleben haben. Am Beispielsfall New York hätte dies bedeutet, dass nach Abschuss der Flugzeuge über 3000 Menschen hätten gerettet werden können.

Mir ging es immer nur um die Frage: Habe ich als verantwortlicher Minister die Chance, unschuldiges Leben zu retten, oder bin ich wehrlos gegen einen terroristischen Angriff?

Zugegeben, zu einer solchen Entscheidung gehört Mut. Aber der ist auch in der Politik notwendig. Ich halte auch weiterhin eine verfassungsrechtliche Klarstellung für geboten.

Ursula Kagerer

# Die Bedeutung von »Terror« für den Schulunterricht

*Leseförderung mithilfe des Theaterstücks*

Die Schule hat die Aufgabe, den Lernenden eine positive Lesekultur und Leseatmosphäre zu vermitteln. Das Lesen – als bewusster kognitiver Handlungsakt – und auch die Lesestrategien selbst haben sich in der Schule verändert. Die Lesewelt und das Leseverhalten der jungen Generation werden von elektronischen Medien bestimmt. Elektronische Medien sind heute die hauptsächlichen Träger von Texten, welche den Jugendlichen fast uneingeschränkt zur Verfügung stehen. Auch die Lesekompetenz unterliegt aufgrund einer Änderung in der Sprache (Tendenz zu Kurz- und Kürzestbotschaften via WhatsApp und sozialen Medien) einem Wandel.

Bücher im klassischen Sinne werden von rund der Hälfte der Lernenden gerne gelesen. Um die Lesemotivation auch bei der anderen Hälfte wecken zu können, ist es Aufgabe der Schule, bei den Lernenden eine positive Einstellung und Erwartungshaltung zu bewirken. Es ist dienlich, wenn die Lehrperson ein Angebot an unterschiedlichen Textsorten zur Verfügung stellt und moderne, zeitgemäße Werke anbietet.

Junge Leserinnen und Leser lassen sich für Literatur begeistern, die Fragen des gesellschaftlichen Zusammenlebens aufwerfen. Gerade die Kriminalliteratur beschäftigt sich mit den grundlegenden Problematiken des menschlichen Daseins und hinterfragt das heutige Menschenbild. Bedauerlicherweise wurde diese Art von Literatur oft als Trivialliteratur abgestempelt und literaturdidaktisch viele Jahre lang vernachlässig bzw. ignoriert. Vor wenigen Jahrzehnten bestand die Haltung des Deutschunterrichts gegenüber derartiger Literatur darin, bei den Schülerinnen und Schülern eine kritische Distanz zu erzeugen. Dabei versteht sich gerade die Kriminalliteratur darin, gesellschaftskritisch und aufklärerisch auf die Lernenden zu wirken, und animiert zu einem scharfsinnigen und methodischen Nachdenken. Das Werk »Terror«, welches im didaktischen Sinne als Justizdrama eingestuft werden kann, bietet die Möglichkeit, die Kompetenz der ästhetischen Urteilsfähigkeit zu fördern und zu trainieren. Die Besonderheit des Werks liegt in der Determination Justizdrama. Der Fokus liegt auf der Gerichtsverhandlung, es wird das Kapitalverbrechen Mord verhandelt und das Spannungsfeld zwischen Recht und Gerechtigkeit effektiv in Szene gesetzt. Die Handlung des Stücks erstreckt sich über den Prozessverlauf bis hin zur Urteilsverkündung im Gerichtssaal.

Die Anschlusskommunikation, in der Klassengemeinschaft über das Gelesene zu reflektieren, erweitert die literarische Erfahrung jedes Einzelnen. Gerade in den letzten Jahren ist aufgefallen, dass das Genre der Kriminalliteratur im schulischen Kontext immer moderner und beliebter geworden ist. So werden Texte dieser Gattung in der heutigen Didaktik als Spiel zwischen dem Autor/der Autorin und den Lesern gewertet. Den Lesern muss es möglich sein, den Täter als Menschen kennenzulernen, und dieser muss im Geflecht der Personen und Ereignisse an der richtigen Stelle stehen. Auch muss die Kluft zwischen Rechtsempfinden und geltendem Recht spürbar sein.

Die Leseförderung und Textrezeption sollen als Aufgabe aller Unterrichtsgegenstände gesehen werden. Das Studieren des Werks »Terror« eignet sich somit nicht nur für den domänenspezifischen Deutschunterricht, sondern auch für den fachspezifischen Unterricht in Unterrichtsfächern wie Geschichte, Politik, Philosophie oder Religion. Wesentlich für eine Ergebnissicherung im Unterricht ist, dass die Lehrperson zu Beginn der Lektüre Aufgaben stellt, die bei den Lernenden das Vorwissen aktivieren und an das subjektive Hintergrundwissen andocken. Um die Lesekompetenz und das sinnerfassende Lesen zu steigern, ist es ebenso von Bedeutung, geeignete Textstellen und Passagen des Stücks (wie Zeugenaussagen) genauer zu analysieren und zu erschließen. Interessant erscheint auch eine Gesprächsanalyse des Kreuzverhörs und der Plädoyers von Staatsanwalt und Verteidigung. Da es sich bei »Terror« um ein Theaterstück handelt, können die Lernenden in unterschiedliche Rollen schlüpfen und das betonte Vorlesen bzw. wirkungsvolle Vortragen trainieren.

Eine gelungene Leseerziehung motiviert die jungen Leserinnen und Leser und hilft ihnen, ihre kognitive, reflexive und kommunikative Kompetenz zu erweitern, ohne sie zu ermüden.

## Die strafrechtliche Belastungsprobe im didaktischen Kontext

Ein pädagogischer Leitgedanke des Werks ist die Darstellung der gesellschaftlichen Funktion des Rechts. Die Missachtung des Rechts führt zu juristischen Konsequenzen. Berechenbar werden menschliche Handlungen aber nicht in allen Fällen.

Eine wichtige Fragestellung, die im Unterricht zu behandeln ist, ist die der Abstraktheit des Themas. Flugzeugentführungen haben in den 60er- und 70er-Jahren ihren Höhepunkt erreicht, aber auch in der jüngsten Gegenwart sind Fälle von Bordgewalt aufgetreten. Daher ist das Thema als nicht rein theoretisch und fern einzustufen.

Das große Potenzial des Werks besteht meiner Ansicht nach darin, mit den Schülerinnen und Schülern zu diskutieren, ob der Pilot bestraft werden soll, damit das erschütterte Rechtsbewusstsein der Gesellschaft aufgerichtet werden kann. Auch die Frage der Vergeltung bedarf einer Klärung: Wird Gerechtigkeit hergestellt, wenn der Angeklagte eine entsprechende Strafe für seine Rechtsverletzung erhält?

Bei der Tathandlung des Lars Koch handelt es sich um eine Tötungshandlung, die geeignet gewesen ist, den gewünschten Taterfolg – Absturz eines voll besetzten Flugzeugs – herbeizuführen. Häufig wissen Jugendliche jedoch nicht, dass nicht jede gesetzte Straftat auch rechtswidrig sein muss. Der Rechtfertigungsgrund der Notwehr dient dazu, unmittelbar drohende Angriffe abzuwehren. Jedoch rechtfertigt die Notwehr nur Eingriffe in die Rechtsgüter des Angreifers, folglich der Flugzeugentführer und nicht der Passagiere. Die Rechtswidrigkeit der Tat ist somit anzunehmen.

Eine interessante Aufgabe ist es, genauer den übergesetzlichen Notstand aufzugreifen und diesen zu thematisieren. Hierbei handelt es sich um eine Form der schuldausschließenden Pflichtenkollision. Ein ähnlich gelagerter Fall ist der sogenannte Weichensteller-Fall, welcher sich eignet, als Analogie aufgegriffen zu werden. Da der übergesetzliche Notstand in den meisten Fällen gerichtlich nicht anerkannt wird und somit eine Verurteilung möglich wäre, käme ein Plädoyer für Strafmilderung in Betracht, welches auch von den Schülerinnen und Schülern selbst verfasst werden kann. Somit besteht die Möglichkeit, in die Rolle eines Advokaten/einer Advokatin zu schlüpfen und der Hauptperson aus diesem ausweglosen Dilemma zu helfen. Folglich sollen die Schülerinnen und Schüler als Lernziel erfahren, dass es einen rechtlich begründeten Unterschied aufgrund der außerordentlichen Extremsituation des Angeklagten geben muss.

*Dilemma-Geschichten im Unterricht*
Ein Dilemma ist eine Zwickmühle, eine Zwangslage. In einem Dilemma befindet sich eine Person, die zwischen zwei gleich unangenehmen Alternativen zu wählen hat. Die Per-

son ist einer Zwangslage ausgesetzt und wird zu einem moralischen Urteil genötigt. Sie hat konkurrierende Werte abzuwägen und eine Entscheidung zu treffen. Auch Lars Koch befindet sich in einer Dilemma-Situation, er ist einem Gewissenskonflikt ausgesetzt und bewährt sich bis zum Ende des Stücks mit seinem Mut.

Die Menschenwürde ist unantastbar. Was ist dieser Verfassungsgrundsatz in der heutigen Welt noch wert? In »Terror« liegt eine Misslichkeit begraben: Handelt Lars Koch zu Recht oder zu Unrecht? Ist sein menschlicher Impuls, 70 000 Menschen zu retten, nachvollziehbar?

Recht und Moral müssen nicht immer in Einklang zueinanderstehen. Das Werk bietet die Möglichkeit, darüber zu reflektieren, ob eine rechtliche – der Verfassung entsprechende – Entscheidung von der Bevölkerung leichter ertragen werden kann als eine moralische, die subjektiv ist und somit von Person zu Person unterschiedlich ausfallen kann.

Werden Dilemma-Geschichten im Unterricht eingesetzt, so lassen sich Schülerinnen und Schüler auf ein Experiment ein, in dem niemand die richtigen und fertigen Erkenntnisse weiß. Sie werden auf das Rechtsgut Leben sensibilisiert, gemeinsam werden situationsgerechte Lösungsvarianten erarbeitet. Diese werden erörtert und ausreichend reflektiert. »Terror« versucht, eine Debatte über eine ethisch-moralische Fragestellung in Gang zu bringen. Der Sachverhalt transportiert eine Uneinigkeit, welche nach zwei Seiten hin auflösbar ist. Entweder wird Lars Koch als Held, der ein größeres Unglück vereitelt hat, oder als Mörder, der sich gegen die Verfassung stellt, eingestuft. Bei der Diskussion im Klassenzimmer prallen unterschiedliche Werteeinstellungen aufeinander. Entscheidend ist, dass es jedem Lernenden möglich ist, seine Meinung zu äußern, unabhängig davon, ob es sich um Lösungsvorschläge oder Schuldzuweisungen handelt. Die Schülerinnen und Schüler sind jedoch angehalten, Verantwortung für das Gesagte zu übernehmen und die Aussagen logisch nachvollziehbar zu begründen. Mittels Dilemma-Geschichten kann eine hohe Beteiligung am Unterrichtsgeschehen erzielt werden. Ebenso eignet sich »Terror« für die Wertebildung an Schulen, die erfolgt, indem sich die Jugendlichen mit den widersprüchlichen Werteangeboten beschäftigen und zu einer Konfliktlösung aktiv beitragen. Ziel soll es sein, dass Lernende ihren gewählten Standpunkt überzeugend verteidigen und mit Argumenten untermauern.

*Rechtsstaat in Bedrängnis? Das Luftsicherheitsgesetz*
Am 18. Juni 2004 ist vom Deutschen Bundestag ein Entwurf des Luftsicherheitsgesetzes verabschiedet worden. Aufgrund der Terroranschläge vom 11. September 2001 in den USA sollte die Bundeswehr eine Möglichkeit erhalten, ein Flugzeug abzuschießen. Absatz 3 des § 14 Luftsicherheitsgesetz wurde vom Verfassungsgerichtshof aufgehoben. Die Lernenden sollen mit dem genauen Wortlaut des Absatzes 3 vertraut gemacht werden, welcher lautet: »*Die unmittelbare Einwirkung mit Waffengewalt ist nur zulässig, wenn nach den Umständen davon auszugehen ist, dass das Luftfahrzeug gegen das Leben von Menschen eingesetzt werden soll und sie das einzige Mittel zur Abwehr dieser gegenwärti-*

*gen Gefahr ist.*« Schülerinnen und Schüler haben die Möglichkeit, in diesem Zusammenhang in die juristische Fachsprache eingeführt zu werden: Sie erkennen, dass Gesetze präzise formuliert werden müssen, die Sprachwahl aber für juristische Laien schwer verständlich sein kann. Die didaktische Ergebnissicherung liegt darin, dass erkannt wird, dass es sich hierbei um die Rechtsgrundlage der Exekutive gehandelt hat, abschießen zu dürfen.

Im Unterricht ist es von Bedeutung, der Frage nachzugehen, ob dieses Gesetz mit dem Grundgesetz überhaupt vereinbar ist. Dürfen unschuldige Menschen getötet werden, um eine größere Menschenanzahl zu retten? Der besagte Absatz 3 widerspricht Kernsätzen der Verfassung und ist mit dem Recht auf Leben nicht vereinbar. Tatunbeteiligte Menschen (wie die Passagiere im Flugzeug) dürfen nicht getötet werden. Eine mögliche schulische Aufgabenstellung könnte darin bestehen, die Lernenden auf Grundlage ihrer Stückkenntnisse antizipieren zu lassen, welche Gründe das Bundesverfassungsgericht gehabt haben könnte, den Absatz 3 des Luftsicherheitsgesetzes aufzuheben. Die Lernenden erkennen, dass das Bundesverfassungsgericht mit der Aufhebung ein Verrechnungsgebot erzielt hat: Leben gegen Leben darf nicht aufgerechnet werden. Ebenso wenig dürfen unschuldige Menschen zu reinen Objekten staatlichen Handelns gemacht werden. Es soll demnach vermittelt werden, dass nicht nur die Stadionbesucher staatlichen Schutz genießen, sondern auch die unschuldigen Menschen im Passagierflugzeug. Auch ist zu verstehen, dass Terroristen, die Rechtsgüter anderer rechtswidrig angreifen, und sich der

Staat dagegen zur Wehr setzt, diese als Subjekte ihres Handelns in Verantwortung genommen werden. Terroristen, die ein Flugzeug als Waffe missbrauchen, dürfen folglich abgeschossen werden, da es die Folge ihres Handelns ist, dass der Staat sich zur Wehr setzt.

Möglicherweise stellt sich im Unterricht die Frage, warum nicht das Grundgesetz, konkret der Artikel 1, aufgehoben werden sollte. Die Antwort liefert die Ewigkeitsklausel, welche besagt, dass die Menschenwürde unantastbar ist. Der Grund, warum der Artikel 1 nicht aufgehoben werden kann, ist von historischer Bedeutung. Die Schülerinnen und Schüler sollen in diesem Zusammenhang erfahren, dass die Änderung der Weimarer Reichsverfassung zu den Ermächtigungsgesetzen und zur nationalsozialistischen Diktatur geführt hat.

*Öffentliche Kritik am Stück*

Die öffentlich geäußerte Kritik zum Justizdrama besteht vor allem darin, dass das Werk die Realität verfälschen würde und Effekthascherei betrieben werde. Ein Bielefelder Juraprofessor stellt die These auf, das Publikum würde zu einer Entscheidung manipuliert werden. Demnach würde im Werk nicht zwischen einer rechtswidrigen Tat und der persönlich vorwerfbaren Schuld unterschieden werden. Daraus leite sich auch das Ergebnis ab, dass Lars Koch in den meisten verkündeten Urteilen (sowohl bei Theateraufführungen als auch im TV) freigesprochen worden ist.

Eine weitere Kritik besteht darin, dass das Drama mancherorts eine Sprache benutzt, die bei den zusehenden Menschen unter die Haut geht. Der Satz »Wir befinden uns im Krieg« wird in manchen Rezensionen als Beispiel angeführt.

In der Schule soll das Werk meines Erachtens auch kritisch beleuchtet werden. Die Lernenden dürfen verschiedene Kritiken lesen und miteinander vergleichen. Die Beschäftigung mit Literaturkritik ermöglicht es, die zuvor gefasste eigene Meinung entweder zu bestätigen oder zu hinterfragen, und fördert die so oft geforderte gesellschaftliche Mündigkeit.

Zusammenfassend ist festzuhalten, dass sich das diskutierte Werk hervorragend für den fächerübergreifenden problemorientierten Unterricht eignet. Lernen und Lehren sollen das Leben der Schülerinnen und Schüler öffnen. Sie werden angeregt, mehr wissen zu wollen und selbst Verantwortung für Entscheidungen zu übernehmen. Das zu diskutierende Werk beinhaltet einen großen Themenkomplex, welcher in den Fächern Deutsch, Geschichte, Politik, Philosophie, Psychologie und Religion behandelt werden kann. Das Justizdrama fördert sowohl die Lesemotivation als auch die Diskussions- und Argumentationsfähigkeiten der Lernenden. »Terror« ist ein aktuelles Werk, welches das Potenzial besitzt, einen zeitgemäßen, modernen Unterricht zu gestalten.

Hans Mathias Kepplinger

# Der Schutz der Gewaltenteilung und die Unabhängigkeit von Gerichten

*Auch unabhängig vom Rechtsempfinden der Bevölkerung?*

Der Pressesprecher der Staatsanwaltschaft Mannheim er-klärte am 23. März 2010 vor Journalisten: »Wir haben mehr als eine bloße Anzeige.« Eine Woche später verkün-dete er eine »steigende Verurteilungswahrscheinlichkeit«. Drei Wochen später klagte die Staatsanwaltschaft Jörg Kachelmann wegen Vergewaltigung an. Fast vier Monate danach begann die Hauptverhandlung. Knapp ein Jahr darauf wurde Kachelmann freigesprochen. Da war er mora-lisch und geschäftlich erledigt. In der Zwischenzeit hatte die Hauptbelastungszeugin der »Bunten« gegen Honorar ihre Sicht des Hergangs geschildert. Flankiert von zahl-reichen Kollegen haben Sabine Rückert in der »Zeit« und Alice Schwarzer in »Bild« eine viel beachtete Kontroverse um die Deutungshoheit über das Verhalten von Kachelmann, die Qualität von Gutachtern und das gerechte Urteil geführt. Wie stand es damals um das Rechtsempfinden der Bevölkerung? Wer kannte es? Gab es das überhaupt – oder haben Prozessbeteiligte und Medien die Bevölkerung in ihrem Eigeninteresse instrumentalisiert? Wer hat Millionen Menschen die Überzeugung vermittelt, sie wüssten, was geschehen ist, und entsprechende Straferwartungen entwickelt? Genau weiß das niemand, nur so viel ist sicher: Der größte Verlierer war der freigesprochene Angeklagte. Das führt zum Kern des Problems, die Öffentlichkeit von Strafverfahren und die Art und Weise, in der sie hergestellt wird. Die Forderung nach Öffentlichkeit war im 19. Jahrhundert ein wesentliches Argument im Kampf gegen das nicht-öffentliche Inquisitionsverfahren. Unter Öffentlichkeit verstand man die unmittelbare Anwesenheit von Beobachtern des Geschehens. Verfahrensöffentlichkeit sollte willkürliche Vorgehensweisen ausschließen, die Wahrheitsfindung fördern und dem Schutz der Angeklagten dienen. Das ist gegenwärtig oft nicht der Fall, und es betrifft nicht nur Prominente wie Christoph Metzelder, Uli Hoeneß und Sebastian Edathy, sondern auch Unbekannte wie den Autobahnraser Rolf F. und eine sozial benachteiligte Familie im Wormser Kinderschänder-Prozess.

Die Wahrheitsfindung durch Gerichte folgt im Unterschied zur Wahrheitsfindung durch Medien vorgegebenen Regeln – im Fall von Strafprozessen der Strafprozessordnung. Danach haben Richter, Staatsanwälte und Verteidiger unterschiedliche Aufgaben, Rechte und Pflichten, selbst die Abfolge ihrer Auftritte ist geregelt. Bestimmte Aussagen von Zeugen sind zulässig, andere nicht und müssen aus dem Protokoll entfernt werden. Nach einem Urteil ist Revision möglich, aber irgendwann gibt es ein letztinstanzliches Urteil. All das existiert im Fall der Wahrheitsfindung durch Medien nicht. Sie folgt anderen Regeln und hat andere Vorzüge. Hier existiert, wenn man der Staatsanwältin in Ferdinand von Schirachs Theaterstück »Terror« folgt, ein Einfallstor der Moral in das Recht: »Recht und Moral müssen streng voneinander getrennt werden (…) Genau das ist das Wesen des Rechtsstaates.« Vor allem bei moralisch kontroversen Taten bilden sich in der Bevölkerung leicht zwei leidenschaftlich argumentierende Lager, was sich medial verstärkt auf die Rechtsfindung auswirken kann. Das kann man aus mehreren Gründen vermuten.

Alle Prozessbeteiligten sind Protagonisten der Berichte darüber. Dazu genügt es, dass ein Beitrag das Verfahren allgemein behandelt. Protagonisten verfolgen die Berichterstattung viel intensiver als unbeteiligte Beobachter. Sie setzen sich erheblich größeren Mediendosen aus, was dazu führen kann, dass sie unrealistische Vorstellungen vom Einfluss der Berichterstattung entwickeln. Das trifft auch auf Juristen zu. Laut einer aktuellen Online-Befragung von 580 Richtern und Staatsanwälten[3] nutzt etwa jeder Dritte (31 Prozent) »viel mehr Beiträge« über ihre eigenen Verfahren »als über andere Prozesse«; jeder Fünfte (22 Prozent) wendet sich auch »Medien (zu), die (er oder sie) normalerweise nicht beachtet«. Ihre wichtigsten Quellen sind »Regionalzeitungen am Sitz des Gerichts«. Auch andere Medien am Sitz des Gerichts beachten relativ viele. Soziale Medien verfolgen nur wenige. Richter und Staatsanwälte nutzen Berichte über ihre Verfahren vor allem, weil sie sich »ein Bild über die öffentliche Meinung machen« wollen (55 Prozent), weil sie wissen wollen, »wie verbreitet extreme Meinungen sind« (25 Prozent), und weil sie »mögliche Einflüsse auf Prozessbeteiligte abschätzen« wollen (29 Prozent).

Richter und Staatsanwälte nutzen nicht nur mehr Medienberichte, sie nehmen sie auch anders wahr als unbeteiligte Beobachter, weil sie die Darstellungen mit ihrer eigenen Sichtweise vergleichen. Relevant ist das vor allem bei Kritik. Jeder Zweite (55 Prozent) hat Medienkritik an eigenen Verfahren erlebt. Es handelt sich demnach nicht um ein Randphänomen. Die meisten von ihnen klagen darüber, dass »Umstände, auf die das Gericht… keinen Einfluss hatte, falsch dargestellt oder heruntergespielt wurden« (59 Prozent), und dass ihnen »Fehler und Versäumnisse vorgeworfen (wurden), die sie nicht begangen hatten« (58 Prozent). Je mehr Medienberichte die Richter und Staatsanwälte verfolgen und je öfter diese die Umstände ihres Verhaltens vernachlässigt haben, desto eher bedenken sie beim Strafantrag bzw. Urteil das Echo der Öffentlichkeit und desto eher sind sie davon überzeugt, dass die Berichterstattung einen Einfluss auf das Strafmaß besitzt. Das hat vor mehr als zehn Jahren bereits unsere erste Befragung gezeigt und wird von der aktuellen Befragung bestätigt[4]. Offensichtlich sind nicht alle Juristen immun gegen eine aus ihrer Sicht unberechtigte Kritik. Sollten sie dann nicht besser Medienberichte über ihre Verfahren ignorieren? Auch das wäre problematisch, weil sie sich kein Urteil darüber bilden könnten, ob Medien-

berichte das Verhalten von Prozessbeteiligten verfahrens-
relevant beeinflusst haben.

Die Herstellung des Rechtsfriedens durch eine Synthese
aus Gerechtigkeitsempfinden und Rechtsprechung ist ein legitimes Ziel von Strafverfahren. Eine Ursache von Diver-
genzen kann die Medienberichterstattung sein, weil sie in
der Bevölkerung Erwartungen weckt, die mit den Normen
und Tatsachen nicht vereinbar sind. Besonders problematisch sind sie während der nicht-öffentlichen Ermittlungsverfahren, weil Verdächtigungen in der Bevölkerung Urteil-
serwartungen hervorrufen, die sich im Hauptverfahren als
übertrieben oder falsch herausstellen können. Zudem können sie Verdächtige stigmatisieren, die auch dann dauerhaft
darunter leiden, wenn sie freigesprochen werden. Kachelmann, Edathy und Wulff sind Beispiele. Folgenreiche Berichte bereits über Ermittlungsverfahren sind keine Einzel-
fälle. Nach Auskunft eines Fünftels der Befragten haben
Medienberichte häufig »einen großen Einfluss auf Ermittlungsverfahren«. Schließt man Befragte ein, die das gelegentlich beobachten, ist es jeder Zweite. Eine häufige Ursache solcher Berichte sind verdeckte Koalitionen zwischen
Staatsanwälten bzw. Verteidigern und Journalisten, denen
sie Interna zukommen lassen, um ihre Position im Hauptverfahren zu stärken bzw. die Öffentlichkeit im Interesse
ihrer Mandanten zu beeinflussen. Damit unterlaufen sie
zielgerichtet geltendes Recht und die Unabhängigkeit der
Gerichte. Allerdings gibt es auch öffentliche Kumpaneien,
wie die Verhaftung von Klaus Zumwinkel vor laufender Ka-
mera, und öffentliche Vorverurteilungen, wie die eingangs

erwähnten Stellungnahmen des Sprechers der Staatsanwaltschaft zum Verfahren gegen Jörg Kachelmann. Eskalieren kann das Zusammenspiel zwischen Angeklagten, Verteidigern, Medien und meinungsmächtigen Minderheiten bei Strafverfahren gegen politisch motivierte Tatverdächtige wie beim Prozess gegen die Führung der RAF – und in den Jahren davor.

Eine intensive Medienberichterstattung kann die Aussagen von Prozessbeteiligten so stark prägen, dass Staatsanwälte das beim Strafantrag und Richter beim Urteil in Rechnung stellen müssen. Auf Opfer, Angeklagte und Zeugen besitzen Medienberichte nach Ansicht von Richtern und Staatsanwälten einen starken Einfluss. Das meint die Mehrheit (63 Prozent) mit Blick auf Opfer, die Hälfte (48 Prozent) mit Blick auf Angeklagte und eine große Minderheit (39 Prozent) mit Blick auf Zeugen. Relevant für Strafprozesse sind Medieneinflüsse auf die Aussagen der Genannten, weil sie neben anderen Quellen die Wahrnehmung der Straftat prägen. Nach Auskunft großer Minderheiten der Richter und Staatsanwälte werden Zeugen von Medienberichten »eingeschüchtert« (39 Prozent), andere »blühen auf« (23 Prozent), und sie sagen deshalb möglicherweise weniger bzw. mehr, als sie tatsächlich wissen, oder das wenige überzeugter bzw. zögerlicher. Was als Vorsatz gilt, mag aufgrund solcher Aussagen als Versehen erscheinen und umgekehrt.

Sind sich Richter und Staatsanwälte bewusst, dass starke Medieneinflüsse auf Opfer, Angeklagte und Zeugen ihre eigene Wahrnehmung des Geschehens beeinflussen können, und berücksichtigen sie das bei Strafanträgen und Urteilen? Das trifft auf einige, vermutlich aber nicht auf alle zu. Obwohl viele Richter und Staatsanwälte der Meinung sind, dass Medienberichte einen starken Einfluss auf die erwähnten Laien im Gerichtssaal besitzen, haben die Medien nach den Beobachtungen von nur relativ wenigen (26 Prozent) zumindest gelegentlich »einen Einfluss auf das Urteil, weil sie das Verhalten von Opfern, Tätern oder Zeugen veränderten«. Die Diskrepanz zwischen den vielen Befragten, nach deren Meinung Medienberichte starke Einflüsse auf Opfer, Angeklagte und Zeugen besitzen, und den wenigen, die entsprechende Medieneinflüsse auf das Urteil beobachten, kann darauf beruhen, dass die starken Medieneinflüsse für das Urteil nicht relevant waren. Sie kann jedoch auch darauf beruhen, dass ein Teil der Richter und Staatsanwälte zwar starke Medieneinflüsse auf Opfer, Angeklagte und Zeugen wahrnimmt, sich aber nicht bewusst macht oder nicht eingestehen will, dass sich das auf das Urteil auswirken kann.

Öffentlichkeit galt im Endstadium der Arkanpolitik als Allheilmittel gegen Machtmissbrauch, und Rechtsphilosophen wie Anselm von Feuerbach betrachteten Öffentlichkeit als effektiven Schutz gegen Willkürentscheidungen bei Strafverfahren. Die Rechtsentwicklung hat diese Erwartung im Großen und Ganzen erfüllt, aber wegen der Eigeninteressen aller Beteiligten die unauflösliche Dialektik von Recht und Macht nicht beseitigt. Zu den Beteiligten gehören neben Angeklagten, Zeugen und Opfern, Richtern, Staatsanwälten, Verteidigern und Sachverständigen auch Journalisten. Deshalb hat sich Öffentlichkeit in manchen Strafverfahren von einem Schutz zu einer Gefahr für Tatverdächtige entwickelt – wegen suggestiven Verdächtigungen während des Ermittlungsverfahrens, Reaktionen von Staatsanwälten und Richtern auf unberechtigte Kritik und wegen subtiler Eingriffe von Medien in die Feststellung des Tatgeschehens über ihren Einfluss auf Aussagen von Prozessbeteiligten. Öffentlichkeit ist kein Wert an sich, sonst fänden Redaktionskonferenzen öffentlich statt, und der Verweis auf das Redaktionsgeheimnis würde peinliche Erinnerungen an eine vergangene Zeit wecken. Dem ist aus guten Gründen nicht so. Allerdings haben sich durch die Ausweitung der Gerichtsöffentlichkeit zur Medienöffentlichkeit und durch die zunehmende Missachtung der Nicht-Öffentlichkeit von Ermittlungsverfahren die Machtverhältnisse zwischen Gerichten und Medien so weit verschoben, dass sie in manchen Strafverfahren die relative Autonomie von Gerichten aushebeln. Das betrifft nicht nur die Justiz, sondern in vergleichbarer Weise auch andere Institutionen, darunter die Politik und die Wissenschaft, und gefährdet eine der wichtigsten Errungenschaften der europäischen Kultur, die Herausbildung von relativ unabhängig handelnden Institutionen mit effektiven und zielführenden Eigengesetzlichkeiten.

Alexander Kluge

# Verbotene Gefühle

Zwei Schiffbrüchige treiben auf dem Meer. Ein Brett in den Wellen, eine Bootsplanke könnte sie retten, aber sie ist nicht groß genug, um beide zu tragen. Also tötet der eine Schiffbrüchige den anderen, um nicht selbst zu ertrinken. Ist das Mord?

Dieses Gedankenspiel wird dem griechischen Philosophen Karneades zugesprochen. Cicero hat es überliefert. Man nennt es das »Brett des Karneades«. Es ist ein berühmtes Fallbeispiel für das, was Juristen heute »Notstandsproblematik« nennen und mit dem sich die Gelehrten seit Jahrhunderten beschäftigen. Der Philosoph Immanuel Kant schrieb über das »Brett des Karneades«: »Denn mein Leben zu erhalten ist nur bedingte Pflicht (wenn es ohne Verbrechen geschehen kann); einem anderen aber, der mich nicht beleidigt, ja gar nicht einmal in Gefahr das meinige zu verlieren bringt, es nicht zu nehmen ist unbedingte Pflicht.« Man beachte, wie verklausuliert sich der rigide Kant ausdrückt. Offenbar geht es um ein noch nicht abschließend gelöstes Problem.

2006 beschäftigten sich die Richter des Bundesverfassungsgerichts mit dem sogenannten Luftsicherheitsgesetz, das den Abschuss eines Flugzeugs ermöglichen wollte, um viele andere Menschen zu retten. Die Richter argumentierten mit dem Grundrecht auf Leben und der Garantie der Menschenwürde, unschuldige Menschen dürften nicht als bloßes Objekt zur Rettung anderer behandelt werden. Sie erklärten die Ermächtigung zum Abschuss für nichtig.

Aus dem Gedankenfaden des Karneades und dem Urteil des Bundesverfassungsgerichts hat Ferdinand von Schirach ein Theaterstück gemacht, das vergangene Woche am Deutschen Theater in Berlin und am Schauspiel Frankfurt uraufgeführt wurde. Die Bühne verwandelt er in einen Gerichtssaal, in dem er den Prozess gegen einen Luftwaffenpiloten verhandeln lässt, der ein Passagierflugzeug der Lufthansa mit 164 Menschen an Bord abgeschossen hat, um zu verhindern, dass der Terrorist es als tödliche Waffe in die mit 70 000 Menschen besetzte Allianz Arena in München stürzen lässt.

Ich gehe nicht oft ins Theater. Aber ich wünschte mir mehr solcher Stücke. Wir sind nämlich, was die Probleme des 21. Jahrhunderts betrifft, politische Analphabeten. Ich beziehe mich ein. Bewaffnet mit den Antworten für die Fragen des (bitteren) 20. Jahrhunderts sind wir nur bedingt vorbereitet auf die Herausforderungen unserer Gegenwart. Sollte man die Flüchtlingsströme durch Zäune stoppen? Sind wir kriegsbereit, weil Russland die Krim annektierte?

Darf man in Zeiten des Terrors 164 Menschen opfern, um 70 000 zu retten?

Schirachs Stück endet nach einer Pause damit, dass das Publikum in die Rolle der Schöffen wechselt und abstimmt über das Urteil. Ich habe den »Schuldig«-Eingang gewählt. Ein Mord ist ein Mord, egal unter welchen Umständen. Ich halte es mit dem englischen Richter, der 1884 über einen Fall von Kannibalismus urteilte, der sich auf einem Rettungsboot ereignet hatte, als der Kapitän der vierköpfigen Besatzung aus Hunger beschloss, den Schiffsjungen zu opfern. Der Richter verurteilte ihn zum Tode und empfahl gleichzeitig eine Begnadigung. Der Kapitän ist juristisch schuldig, obwohl er das Richtige getan hat.

Ich hielt mich, ein Jurist und Literat, in meiner rechtsstaatlichen Auffassung für einigermaßen standfest. Trotzdem habe ich mich bei dem Theaterabend mehrmals bei »verbotenen Gefühlen« ertappt. Es ist ein Zeichen für gutes Theater, wenn es uns auf einen nicht manipulierten Prüfstand für unser ideologisches Abgas stellt.

Schirach lässt eine verkehrte Welt entstehen, und das ist, wenn man so will, das Literarische und Poetische an diesem Drama.

Es geht um elementare Fragen, nämlich die Einrichtung des Gemeinwesens: die Frage, wer über Tod und Leben bestimmen darf. Bei so grundsätzlichen Fragen wird fast alles, was nach der Strafprozessordnung vor einer Strafkammer verhandelt werden kann, schräg. Das ist der Reiz des Stücks. Die inneren Stimmen in mir beginnen zu rufen, wie es die Kinder tun, wenn Kasper vom Krokodil bedroht wird. Man kommt einen Moment durcheinander und sortiert sich neu.

Sowohl der literarische Autor wie der Jurist Schirach nimmt die Rechtsordnung ernst. Für ihn ist der Rechtsstaat nicht diskutierbar. Er muss gelten, sonst macht sich der Mensch zum Gott. Der Kampfpilot handelte, als sei er der Weltenlenker. Was wäre das für ein Land? Mit 80 Millionen Göttern? Das ist noch einfach zu beantworten.

Aber über den Theaterabend verteilt finden sich Fallgruben. In sieben Minuten wird die Maschine mit ihren 164 Insassen in das Stadion stürzen, dann ist das Leben der Insassen ohnehin zu Ende. Sie sind tot und womöglich auch 70 000 Fußballfans. Wie viel Logik und Gefühl hat es, für die »Menschenwürde auf sieben Minuten« einzutreten? Andererseits: Hätten in diesen sieben Minuten nicht doch Passagiere genug Zeit gehabt, um den Terroristen im Cockpit zu überwältigen? (Im Hochgeschwindigkeitszug Thalys von Amsterdam nach Paris gelang kürzlich die Überwältigung eines Attentäters.)

Außerdem: Warum haben die Vorgesetzten des Piloten in den 52 Minuten, die dem Abschuss vorangingen, keine Räumung des vollbesetzten Stadions veranlasst? Müsste man nicht die politischen Leiter statt des Piloten verurteilen? Das sind Fragen des praktischen Menschenverstandes.

Verblüffend wohltuend: die Staatsanwältin. Auch hier nimmt Schirach die Strafprozessordnung ernst (die Arbeit der Staatsanwältin soll der Wahrheitsfindung dienen). Diese Vertreterin der Staatsmacht spricht wie eine Ärztin mit dem Piloten, legt ihm die Hand auf die Schulter, bringt Argumente vor, die für ihn sprechen. Das kennt man von Staatsanwälten sonst nicht oft. Das sind Tröstungen im Stück.

Es bleiben existenzielle Fragen, die über den Rahmen eines Strafprozesses hinausgreifen. Wenn Immanuel Kant oder Karneades im Theater gesessen hätte, wären ihnen sicher neue Gedanken abverlangt worden. Was ist mit dem Tötungsverbot, wenn »der andere« (der Terrorist) zwar nicht mich selbst, auch nicht meine Frau und mein Kind, dafür eine ganze Menschenmenge in Lebensgefahr bringt? Ist es dann, um mit Kant zu sprechen, nur eine »bedingte Pflicht« (also dem Urteil des Einzelnen überlassen), eine Gruppe von 164 Menschen zu opfern? Außerdem: Zur Verteidigung der Republik und ihrer Menschen soll der Soldat sein Leben einsetzen. Darf er ersatzweise andere Menschen dem soldatischen Tod überantworten? Wenn es um die Verteidigung des Landes geht, es sich um einen unerklärten Krieg handelt, in dem der Terrorist Menschen und Flugzeug zur Waffe macht?

Theater hat eine große Spannbreite. Heiner Müllers »Zement«. Karl Kraus' »Die letzten Tage der Menschheit«. Kleists »Prinz von Homburg«. Das sind »Tempel der Ernsthaftigkeit«. Bei Schirachs Stück habe ich, trotz des bitteren Ernstes der Fragestellung, viel Komik empfunden. Im Theater ist »Probehandeln im Geiste« angesagt. Was in der Realität unerträglich ist, kann verhandelt werden. Theater sollte eine Alchemistenküche sein für verbotene und abgewehrte Gefühle in uns.

Wie sollen wir Analphabeten (ich beziehe mich wie gesagt ein) die Zeichen der Zeit je lesen lernen, wenn wir keinen

Ort haben, wo wir unsere Fehler öffentlich zeigen dürfen? Die Premierenbesucher in Berlin und Frankfurt sprachen sich mit knapper Mehrheit für das Urteil »nicht schuldig« aus. Korrekt war das nicht.

Sabine Leutheusser-Schnarrenberger

# Schutz der Grundrechte und Sicherheitsanliegen des Staates

*Zum Verständnis demokratischer Entscheidungsprozesse*

Der Terrorismus fordert den Rechtsstaat, er gefährdet das Leben vieler Menschen, er erzeugt Angst und Unsicherheit, und damit wachsen die Erwartungshaltungen der Bürgerinnen und Bürger an den Staat, für einen möglichst hohen Grad an Sicherheit zu sorgen. Aufgabe des Rechtsstaates ist es, Gefahren abzuwenden und das Recht wirkungsvoll durchzusetzen. Der materielle Rechtsstaat deutscher Prägung bedeutet aber auch, dass Antiterrorgesetze mit Eingriffsbefugnissen der Sicherheitsbehörden und das konkrete Handeln der Polizei immer die verfassungsrechtlichen Grundrechte zu achten haben. Die Grundrechte binden als unmittelbar geltendes Recht Gesetzgebung, vollziehende Gewalt und Rechtsprechung (Art. 1 Abs. 3 GG). Ein zum Überwachungsstaat mutierender Rechtsstaat soll so verhindert werden.

Vor siebzig Jahren waren sich die Eltern des Grundgesetzes einig, den Grundrechten innerhalb des Grundgesetzes eine besondere Bedeutung als rechtlich durchsetzbare Instrumente zur Kontrolle und Begrenzung staatlicher Macht zu geben. Darin unterscheiden sie sich von der Weimarer Reichsverfassung (WRV), in der die Grundrechte nur im Rahmen der Gesetzgebung galten und damit durch den einfachen Gesetzgeber eingegrenzt und ausgehebelt werden konnten.

Eine unabhängige Justiz und starke Institutionen können nachhaltigen Widerstand gegen die Entwicklung von Staatsallmacht und die Unterdrückung der Bürger leisten. »Der Staat soll nicht alles tun können, was ihm gerade bequem ist, wenn er nur einen willfährigen Gesetzgeber findet, sondern der Mensch soll Rechte haben, über die auch der Staat nicht soll verfügen können. Die Grundrechte müssen das Grundgesetz regieren«, so der Sozialdemokrat Carlo Schmid bei der Generaldebatte des Plenums des Parlamentarischen Rats am 9. September 1948. In derselben Sitzung befand der Liberale Theodor Heuss: »Was die Grundrechte betrifft, so sind sie ein Stück des Staates; aber sie sind gleichzeitig Misstrauensaktionen gegen den Missbrauch der staatlichen Macht.«

So liest es sich, als sei es ganz selbstverständlich, an diesen Grundsätzen ausgerichtet Politik der inneren Sicherheit zu betreiben. Ein Blick allein auf die Entwicklung der letzten Jahre mit den Gefahren des islamistischen Terrorismus und des gewalttätigen Rechtsextremismus zeigt aber, dass es ganz und gar nicht selbstverständlich ist, auch diesen Gefahren mit einem handlungsfähigen Staat unter strikter Beachtung der Freiheitsrechte der Bürgerinnen und Bürger zu trotzen.

Terroristen greifen unsere Art zu leben an, indem sie Angst und Schrecken verbreiten. Sie sehen sich im Krieg mit der liberalen Gesellschaft und dem liberalen Staat. Menschenleben spielen keine Rolle. Das Perfide an der Strategie ist, dass Terroristen den demokratisch verfassten Staat zu Überreaktionen provozieren wollen, damit er selbst seine Werte massiv einschränkt oder auch ganz außer Kraft setzt. Dass Politiker angesichts von Terroranschlägen wie am 11. September 2001, in Brüssel, Madrid, Stockholm, London, Paris und Berlin in den letzten Jahren oder der rechtsextremistisch motivierten Massenmorde wie in Norwegen, Neuseeland und der kaltblütigen Ermordung des Regierungspräsidenten in Kassel von einem Rechtsextremisten besondere Handlungsfähigkeit demonstrieren wollen und jeweils zu untersuchen ist, ob es Gesetzeslücken gegeben hat oder ob die handelnden Sicherheitsbehörden über zu wenig Maßnahmen der Beobachtung und Überwachung sogenannter Gefährder verfügten, gehört zu einer verantwortungsvollen Politik der inneren Sicherheit. Dazu gehört auch, Defizite oder Fehler beim Handeln der Sicherheitsbehörden zu untersuchen. Nicht dazu gehört es, Ängste der Bürgerinnen und Bürger um ihre körperliche Unversehrtheit und ihr Eigentum zu instrumentalisieren. Die politischen Muster sind da immer gleich: Bedrohungsszenarien entwickeln, Ängste der Menschen hervorrufen oder steigern und damit die Stimmung für vorgeblich dringendes politisches Handeln erzeugen. Dann ist der Druck angeblich so groß, dass terroristischen Gefahren vermeintlich nur durch zügiges Handeln des Gesetzgebers wirkungsvoll begegnet werden kann. Und das bedeutet fast immer Ausdehnung der Überwachungsmaßnahmen, die immer einhergeht mit immer tieferen Eingriffen in die Grundrechte wie das Recht auf Schutz der Privatsphäre, des Persönlichkeitsrechts, der informationellen Selbstbestimmung, der analogen und digitalen Kommunikation, des Verhaltens in den eigenen vier Wänden, und immer wieder geht es um die Unantastbarkeit der Menschenwürde.

Mehr Sicherheit bedeutet gleichzeitig weniger Freiheitsrechte. Es geht also darum, dieses Spannungsverhältnis zwischen Sicherheit und Freiheit richtig auszubalancieren. Dieses Spannungsverhältnis darf nicht einseitig zu Lasten der Freiheit aufgelöst werden.

Dieser traditionell zwischen Innen- und Rechtspolitik angelegte Konflikt ist leider nicht zuallererst vom Gesetzgeber mit ausgewogenen Antworten gelöst worden. Im Gegenteil. Die Gesetzgebung der letzten 20 Jahre im Bereich der inneren Sicherheit ist immer wieder geprägt von verfassungswidrigen Bestimmungen, die gegen die Grundrechte verstoßen. Erinnert sei an die Entscheidung des Bundesverfassungsgerichts vom 3. März 2004, in der in wichtigen Teilen das Gesetz zum sogenannten großen Lauschangriff mit dem Grundgesetz unvereinbar erklärt wurde. Erstmals in der deutschen Rechtsprechungsgeschichte wurde in dieser Lauschangriff-Entscheidung vom Bundesverfassungsgericht der Versuch unternommen, die in Artikel 1 Absatz 1 GG geschützte Menschenwürde, in deren Kern der Staat wegen der Ewigkeitsgarantie des Artikels 79 GG unter keinen Umständen, auch nicht zum Schutze hochrangiger Rechtsgüter, eingreifen darf, zu konkretisieren. Die Menschenwürde, so stellte das Gericht damals fest, ist dann unzulässig verletzt, wenn eine staatliche Überwachungsmaßnahme den Kernbereich privater Lebensgestaltung berührt.

Zu den teilweise verfassungswidrigen Gesetzen gehörten weiter die heimliche Online-Durchsuchung und Überwachung privater Computer durch die Nachrichtendienste. Das Bundesverfassungsgericht leitete aus dem allgemeinen Persönlichkeitsrecht den Schutz und die Gewährleistung der Vertraulichkeit und Integrität informationstechnischer Systeme, das sogenannte Computer-Grundrecht, ab.

Weiter wurden die Ausdehnung polizeilicher Zuständigkeiten zur Ermittlung von Strukturen sowie Begleit- und Kontaktpersonen in das Tatvorfeld und die Ausdehnung umfangreicher Rasterfahndungen vom Bundesverfassungsgericht beschränkend korrigiert.

Einzelne Regelungen des Bundeskriminalamtsgesetzes, die die Anforderungen an die Abhör- und Überwachungsmaßnahmen deutlich herabsenkten und damit die grundrechtsrelevanten Maßnahmen ausdehnten, wurden vom Bundesverfassungsgericht in Teilen für verfassungswidrig erklärt.

Als exemplarisch für die schleichende Verschiebung hin zum Vorrang der Sicherheit gegenüber der Freiheit kann die flächendeckende, anlasslose Vorratsdatenspeicherung angesehen werden. Sie steht auch beispielhaft dafür, dass es im digitalen Zeitalter angesichts der massenhaft anfallenden Daten eine neue Dimension der Kommunikationsüberwachung gibt.

Durch die inzwischen alle Lebensbereiche durchdringende Digitalisierung entstehen unvorstellbar große Datenmengen, deren Speicherung, Verarbeitung, Analyse und Vernetzung kaum mehr an technische Grenzen stößt.

Sei es durch den Staat oder durch Private: Je mehr Daten aus- und verwertet werden, umso mehr wird die Privatsphäre des Einzelnen eingeschränkt.

Auch wenn sich die Grenze zwischen öffentlich und privat durch die Digitalisierung verschieben mag, gehören die Privatsphäre und die informationelle Selbstbestimmung unverzichtbar zur Persönlichkeit eines jeden Menschen, wie das Bundesverfassungsgericht bereits 1983 mit seiner Grundsatzentscheidung zur Volkszählung unmissverständlich erklärte. Der Bürger hat das Recht, selbst zu entscheiden, wann und innerhalb welcher Grenzen persönliche Lebenssachverhalte von ihm preisgegeben werden.

Das Bundesverfassungsgericht hat die Gefahren gesehen, die dem Persönlichkeitsrecht unter den Vorzeichen der automatisierten Datenverarbeitung drohen, und reklamiert, dass der Einzelne davor besonders geschützt werden muss.

Das gilt natürlich auch und erst recht für die anlasslose Vorratsdatenspeicherung, die es dem Staat erlaubt, sämtliche Telekommunikationsverbindungsdaten aller Kommunikationsteilnehmer für längere Zeiträume auf Vorrat zu speichern und zur Bekämpfung terroristischer oder anderer Bedrohungen zur Auswertung verfügbar zu halten.

Das zur Umsetzung der am 15. März 2006 erlassenen Richtlinie der Europäischen Union am 1. Januar 2008 in Kraft getretene deutsche Gesetz wurde vom Bundesverfassungsgericht am 2. März 2010 als in toto verfassungswidrig verworfen.

Sämtliche bis dato gespeicherten Daten mussten unverzüglich gelöscht werden. Nach der verfassungsgerichtlichen Entscheidung verletzte das Gesetz zur anlasslosen Vorratsdatenspeicherung in dieser Ausgestaltung die Grundrechte auf Schutz des Post- und Fernmeldegeheimnisses und des Schutzes der Vertraulichkeit der Kommunikation.

Im Mai 2014 stellte der Europäische Gerichtshof fest, dass die massenweise anlasslose Speicherung von Daten sowohl das Recht auf Schutz der Privatheit gemäß Art. 7 als auch den Schutz der persönlichen Daten gemäß Art. 8 der Charta der Grundrechte berührt und den Verhältnismäßigkeitsgrundsatz nach Art. 52 Abs. 1 der Charta verletzt. Er kritisierte, dass die Speicherung der Telekommunikationsdaten nicht auf bestimmte Personenkreise beschränkt wurde und es keinen Kausalzusammenhang zwischen der Speicherung und dem Verhalten Betroffener gebe.

Dass die deutsche Politik dennoch unter der beschönigenden Bezeichnung sogenannter Höchstspeicherfristen auf nationaler Ebene einen erneuten Gesetzentwurf zur Einführung der anlasslosen Vorratsspeicherung von Telekommunikationsverbindungsdaten vorgelegt und behauptet hat, dass dies zur Bekämpfung des Terrorismus erforderlich sei, ist unter dem Gesichtspunkt der Freiheitsverbürgungen des Grundgesetzes und der EU-Grundrechtecharta äußerst bedenklich. Auch wenn nur bei konkretem Verdacht auf eine schwere Straftat auf die bei den privaten Diensteanbietern gespeicherten Daten zugegriffen werden darf, bleibt es bei den ohne jeden Grund gespeicherten Daten, einem geringen Schutz der Daten der Berufsgeheimnisträger wie Anwälte und Ärzte und dem fehlenden Kausalzusammenhang zwischen den gespeicherten Daten und dem Anlass ihrer Verwendung. Alles vom EuGH geforderte rechtsstaatliche Anforderungen.

Das am 18. Dezember 2015 in Kraft getretene Gesetz kommt wegen einer Entscheidung des Bundesverwaltungsgerichts, zwei Klagen dem Europäischen Gerichtshof vorzulegen, seit September 2018 nicht zur Anwendung. Bis dahin müssen Kommunikationsanbieter weiterhin keine Daten speichern. Was für eine Blamage für den Gesetzgeber und was für eine unendliche Geschichte des Ringens um den Grundrechtsschutz.

Es wird sich über kurz oder lang zeigen, ob die Regelung einer verfassungsrechtlichen Überprüfung, die von mehreren Organisationen und von mir und anderen Liberalen eingeleitet wurde, standhalten kann.

Die ewige Saga der Vorratsdatenspeicherung geht in eine weitere Runde.

Am Rande sei nur bemerkt, dass es in Frankreich und Belgien die anlasslose Vorratsdatenspeicherung ohne Unterbrechung seit vielen Jahren gibt und weder Erkenntnisse zur Verhinderung der islamistischen Terroranschläge auf die Satirezeitung »Charlie Hebdo«, auf den Club Bataclan, den jüdischen Supermarkt oder auf den Brüsseler Flughafen gebracht hat noch bei der Aufklärung entscheidende Hinweise liefern konnte. Den Behörden waren sogar mehrere tatverdächtige Terroristen bekannt.

Ja, der Rechtsstaat muss handlungsfähig sein und sich gegen seine Feinde von innen und außen zur Wehr setzen können. Aber Maßstab muss sein, alles zu tun, um Unschuldige nicht zu überwachen und zu kontrollieren. Nicht alle Bürgerinnen und Bürger dürfen unter Pauschalverdacht gestellt werden. Jede Eingriffsmaßnahme muss verhältnismäßig sein und darf nicht den Kernbereich privater Lebensgestaltung berühren. Und anstelle anlassloser Überwachung bedarf es konkreter Anhaltspunkte für eine Gefährdung als Voraussetzung zum staatlichen Handeln.

Leider leuchten die rechtsstaatlichen Garantien Teilen der Öffentlichkeit manchmal weniger ein als das Bedürfnis nach möglichst schlagkräftigen und frühzeitigen staatlichen Maßnahmen und dem Ausbau des präventiven Schutz- und Überwachungsstaates. Auch werden die rechtsstaatlichen Schranken gern als formale Spitzfindigkeiten geringgeschätzt und als Täterschutz diffamiert, wie zum Beispiel der verfassungsrechtlich gebotene Datenschutz. Gerade in Zeiten terroristischer Bedrohung muss deshalb von Neuem der Sinn dafür geschärft werden, dass die rechtsstaatlichen Garantien ein Doppelziel verfolgen: den Schuldigen zu bestrafen und den Unschuldigen gegen ungerechtfertigte Maßnahmen der staatlichen Gewalt zu schützen. »Der gewissenhafte Respekt der Freiheitsrechte schützt letztlich uns alle vor den Vor- und Fehlurteilen der Selbstgerechten, der Sicherheitsbehörden und der Gerichte«, formulierte die frühere Präsidentin des Bundesverfassungsgerichts Jutta Limbach.

Daran, dass er auch den Umgang mit seinen Gegnern den allgemein geltenden rechtsstaatlichen Grundsätzen unterwirft, zeigt sich gerade die Kraft dieses Rechtsstaates. Dies gilt auch für die Verfolgung der fundamentalen Staatszwecke der Sicherheit und des Schutzes der Bevölkerung.

Und genau diese Staatsaufgabe, alles rechtsstaatlich Vertretbare für die Rettung von Menschenleben zu tun, kann zu schwierigen Dilemmasituationen führen, bei der jede der beiden möglichen Lösungen den Tod von Menschenleben zur Folge hat. Das ist der Hintergrund für § 14 des Luftsicherheitsgesetzes gewesen, der Maßnahmen im Fall der von Terroristen entführten Passagierflugzeuge regelt und auch den Abschuss vorsieht.

In seinem Urteil vom 15. Februar 2006 erklärte der Erste Senat (BVerfG, – 1 BvR 357/05 –, Rn. 1-156) die in § 14 Abs. 3 LuftSiG festgeschriebene Ermächtigung zur unmittelbaren Einwirkung mit Waffengewalt für in vollem Umfang unvereinbar mit dem Grundgesetz und daher für nichtig. Die Abschussermächtigung verstoße gegen das Grundrecht auf Leben (Art. 2 Abs. 2 Satz 1 GG) und die Garantie der

Menschenwürde (Art. 1 Abs. 1 GG). Die Frage nach der strafrechtlichen Verantwortlichkeit eines Bundeswehrpiloten, der ein entführtes Luftfahrzeug abschießt, hat das Bundesverfassungsgericht ausdrücklich offengelassen.

In der Urteilsbegründung heißt es:

»Die einem solchen Einsatz ausgesetzten Passagiere und Besatzungsmitglieder befinden sich in einer für sie ausweglosen Lage. Sie können ihre Lebensumstände nicht mehr unabhängig von anderen selbstbestimmt beeinflussen. Dies macht sie zum Objekt nicht nur der Täter. Auch der Staat, der in einer solchen Situation zur Abwehrmaßnahme des § 14 Absatz 3 greift, behandelt sie als bloße Objekte seiner Rettungsaktion zum Schutze anderer. Eine solche Behandlung missachtet die Betroffenen als Subjekte mit Würde und unveräußerlichen Rechten. Sie werden dadurch, dass ihre Tötung als Mittel zur Rettung anderer benutzt wird, verdinglicht und zugleich entrechtlicht; indem über ihr Leben von Staats wegen einseitig verfügt wird, wird den als Opfern selbst schutzbedürftigen Flugzeuginsassen der Wert abgesprochen, der dem Menschen um seiner selbst willen zukommt.

Unter der Geltung des Artikel 1 Absatz 1 des Grundgesetzes (Menschenwürdegarantie) ist es schlechterdings unvorstellbar, auf der Grundlage einer gesetzlichen Ermächtigung unschuldige Menschen, die sich in einer derart hilflosen Lage befinden, vorsätzlich zu töten.

Auch die Einschätzung, dass die Betroffenen ohnehin dem Tod geweiht seien, vermag der Tötung unschuldiger Menschen in der geschilderten Situation nicht den Charakter eines Verstoßes gegen den Würdeanspruch dieser Menschen zu nehmen. Menschliches Leben und menschliche Würde genießen ohne Rücksicht auf die Dauer der physischen Existenz des einzelnen Menschen gleichen verfassungsrechtlichen Schutz. Die teilweise vertretene Auffassung, dass die an Bord festgehaltenen Personen Teil einer Waffe geworden seien und sich als solche behandeln lassen müssten, bringt geradezu unverhohlen zum Ausdruck, dass die Opfer eines solchen Vorgangs nicht mehr als Menschen wahrgenommen werden. Der Gedanke, der Einzelne sei im Interesse des Staatsganzen notfalls verpflichtet, sein Leben aufzuopfern, wenn es nur auf diese Weise möglich ist, das rechtlich verfasste Gemeinwesen vor Angriffen zu bewahren, die auf dessen Zusammenbruch und Zerstörung abzielen, führt ebenfalls zu keinem anderen Ergebnis. Denn im Anwendungsbereich des § 14 Absatz 3 geht es nicht um die Abwehr von Angriffen, die auf die Beseitigung des Gemeinwesens und die Vernichtung der staatlichen Rechts- und Freiheitsordnung gerichtet sind. Schließlich lässt sich § 14 Absatz 3 auch nicht mit der staatlichen Schutzpflicht zugunsten derjenigen rechtfertigen, gegen deren Leben das als Tatwaffe missbrauchte Luftfahrzeug eingesetzt werden soll.

Zur Erfüllung staatlicher Schutzpflichten dürfen nur solche Mittel verwendet werden, die mit der Verfassung in Einklang stehen. Daran fehlt es im vorliegenden Fall.«

Die Theateraufführungen überlassen es dem Besucher, Antworten auf diese als ausweglos scheinende Situation zu finden. Sie stellen genau die Überlegungen wie das Bundesverfassungsgericht in seiner Begründung an. Und sie halten es bei Abstimmungen nach der Aufführung des Stücks im Theater häufig mehrheitlich für vertretbar, die Passagiere in der Gewalt der Terroristen zu opfern, um zu verhindern, dass beim Absturz einer Maschine noch weitere Menschen zu Tode kommen.

Ganz zugespitzt heißt das: Das Leben von 400 Passagieren in der Hand von Terroristen ist weniger wert als das Leben von 5000 und mehr Menschen am Boden. Emotional und moralisch ist das eine Extremsituation, die sich nicht durch einen Gesetzesbefehl zufriedenstellend auflösen lässt. Der Gesetzgeber hat es sich zu einfach gemacht, in einem Gesetzesbefehl eine übergesetzliche Notstandssituation generell mit einer Abschussermächtigung auflösen zu wollen. Die Unwägbarkeiten einer möglichen konkreten Situationsbewertung finden sich in dieser Bestimmung nicht wieder.

Diese sehr grundsätzliche verfassungsgerichtliche Entscheidung muss den Bürgerinnen und Bürgern erläutert, die Argumente ausgetauscht und die Bedeutung des obersten Satzes des Grundgesetzes, dass die Würde eines jeden Menschen unantastbar ist und sie in einer ausweglosen Situation nicht von vornherein als verloren gilt, immer wieder herausgestellt werden. Natürlich eignet sich diese Entscheidung zur bewussten Zuspitzung, Stimmungsmache und Instrumentalisierung nach dem Motto: Der Staat werde geschwächt, um Terroristen zu schützen. So falsch und missbräuchlich diese Aussage auch ist, kann sie eben nicht zur Folge haben, einem angeblichen gesunden Rechtsempfinden nachzugeben und die Menschenwürde zu relativieren. Die

Degradierung des Menschen zum Objekt, das zahlenmäßig gewichtet wird, kennen wir aus der NS-Geschichte. Das hat sich seit 1949 grundlegend geändert.

Mein Fazit auf diese ungefähr zwanzig Jahre Gesetzgebung der inneren Sicherheit ist, dass der demokratisch legitimierte Gesetzgeber den Stellenwert der Grundrechte zu häufig geringschätzt und sie im Zweifel der inneren Sicherheit geopfert werden. Die demokratische Mehrheit kann sich eben nicht über die Verfassung hinwegsetzen, weshalb das Bundesverfassungsgericht eine so immens wichtige Aufgabe als Hüter der Verfassung hat. Aber besser wäre es, wenn es weniger Arbeit hätte und nicht in Kauf genommen werden muss, dass verfassungswidrige Gesetze erst einmal sechs bis acht Jahre in Kraft sind und angewandt werden, bis im Durchschnitt die Karlsruher Richter entschieden haben.

Der frühere Präsident des Bundesverfassungsgerichts Hans-Jürgen Papier hat zutreffend im November 2016 ausgeführt: »Die Verfassung verlangt vom Gesetzgeber, eine angemessene Balance zwischen Freiheit und Sicherheit herzustellen. Dies schließt nicht nur die Verfolgung des Zieles absoluter Sicherheit aus, welche ohnehin faktisch kaum, jedenfalls aber nur um den Preis einer Aufhebung der Freiheit zu erreichen wäre. Das Grundgesetz unterwirft auch die Verfolgung des Ziels, die nach den tatsächlichen Umständen größtmögliche Sicherheit herzustellen, rechtsstaatlichen Bindungen, zu denen insbesondere das Verbot unangemessener Eingriffe in die Grundrechte als Rechte staatlicher Eingriffsabwehr zählt. An diesem Verbot finden auch die Schutzpflichten des Staates ihre Grenzen.«

Ich setze auf die Bereitschaft der Mehreren, sich für unsere Grundrechte einzusetzen und sie zu verteidigen. Lassen wir sie nicht allein.

Catrin Misselhorn

# Lizenz zu töten für Roboter?

*»Terror« und das autonome Fahren*

Zu den meistdiskutierten Themen im Bereich des autonomen Fahrens aus ethischer Sicht gehören moralische Dilemma-Situationen. Ein moralisches Dilemma zeichnet sich dadurch aus, dass nur die Auswahl zwischen Handlungsmöglichkeiten besteht, die alle moralisch nicht ganz einwandfrei sind. Nehmen wir an, eine Gruppe von Kindern läuft plötzlich vor ein selbstfahrendes Auto. Ein Nothalt ist aufgrund des nachfolgenden Verkehrs nicht möglich, und es besteht in dem Moment keine sichere Ausweichmöglichkeit. Auf der Gegenfahrbahn kommt ein Bus, und auf dem Bürgersteig gehen Leute spazieren. Das Auto wird entweder die Kinder oder die Fußgänger anfahren und mindestens schwer verletzen, wenn nicht gar töten. Als Alternative wäre denkbar, die Insassen des Autos dem Risiko der Verletzung oder Tötung auszusetzen, wenn es auf die Gegenfahrbahn ausweicht oder abrupt anhält.

Solche Situationen werden häufig in Analogie zum sogenannten Trolley-Problem analysiert (der Name leitet sich vom englischen Wort für Straßenbahn ab). Dabei handelt es sich um ein ethisches Gedankenexperiment, das auf die Philosophin Philippa Foot zurückgeht.[5] Nehmen wir an, eine Straßenbahn ist außer Kontrolle geraten und droht, fünf Personen zu überfahren. Es ist jedoch möglich, die Straßenbahn durch das Umstellen einer Weiche auf ein anderes Gleis zu leiten, auf dem sich nur eine Person befindet, die dann überfahren würde. Darf oder muss man vom moralischen Standpunkt aus gesehen die Weiche umstellen und den Tod einer Person in Kauf nehmen, um das Leben von fünf Personen zu retten?

Genau diese Grundstruktur ist auch charakteristisch für Ferdinand von Schirachs Stück »Terror«. Darf man ein Flugzeug mit 164 Passagieren (98 Männern, 64 Frauen und 2 Kindern) abschießen, das von Terroristen über einem vollbesetzten Fußballstadion zum Absturz gebracht werden soll, um die 70 000 Besucher des Stadions zu retten? Muss man es vielleicht sogar? Von Schirachs Werk stellt sich anhand einer fiktiven Gerichtsverhandlung die Frage, wie die Entscheidung des Piloten eines Militärflugzeugs zu beurteilen ist, dieses Flugzeug abzuschießen, um den Niedergang über dem Stadion zu verhindern. Ist er des Mordes schuldig oder freizusprechen?

Obwohl das Stück im Gerichtssaal spielt, geht es nicht primär um eine rechtliche Beurteilung, sondern um die moralischen Intuitionen der Rezipienten. In der Fernsehadaption des Stücks wurde sogar online eine Zuschauerumfrage durchgeführt, bei der eine Mehrheit für den Freispruch des

Piloten votierte. Der Film und speziell die Umfrage polarisierten. Ferdinand von Schirach wurde auch dafür kritisiert, dass er die Rechtslage nicht adäquat darstelle.[6]

Zu dieser Debatte wird der vorliegende Beitrag nicht Stellung beziehen. Er befasst sich ausschließlich mit der Druckfassung des Theaterstücks und nicht mit dem Film. Zudem wird aus einer dezidiert philosophischen und nicht juristischen Sicht argumentiert. Dabei geht es allerdings durchaus um begriffliche Unterscheidungen und Argumente, die möglicherweise Einfluss auf die rechtliche Bewertung haben. Dennoch steht die im engeren Sinn juristische Auslegung nicht im Mittelpunkt der Ausführungen.

Die Frage, die hier untersucht werden soll, ist, inwiefern sich die offenbar verbreitete Intuition, dass der Pilot das Richtige getan hat, auch auf autonome Fahrzeuge übertragen lässt. Wie ist es moralisch zu bewerten, wenn ein Roboterauto etwa einen Menschen tödlich verletzt, um eine größere Gruppe zu retten? Zugespitzt formuliert: Darf ein Roboterauto Menschen töten? Um diese Frage zu beurteilen, gilt es zunächst zu überlegen, inwieweit die in »Terror« dargestellte Situation analog zu den beim autonomen Fahren möglicherweise auftretenden Dilemmata ist.

*Analogien und Unterschiede zwischen »Terror« und dem autonomen Fahren*
Die grundlegende Analogie liegt auf der Hand: Es geht in beiden Fällen um die Tötung einer Gruppe von Menschen, um eine andere Gruppe zu retten, die beispielsweise größer ist. Es gibt jedoch gewichtige Unterschiede. Eine Abwei-

chung betrifft das *Resultat*. In »Terror« werden die Flugzeugpassagiere in jedem Fall getötet, entweder durch den Abschuss seitens des Militärpiloten oder durch den von den Terroristen herbeigeführten Flugzeugabsturz über dem Stadion.

Beim autonomen Fahren hingegen wird es typischerweise darum gehen, dass entweder die Mitglieder der einen oder diejenigen der anderen Gruppe verletzt oder getötet werden. Die Verhältnisse, die gegeneinander aufzurechnen wären, werden dabei im Allgemeinen deutlich geringer sein als $164:70\,000$ Personen wie in »Terror«. In den kleineren Gruppen werden Kinder hingegen voraussichtlich mehr im Fokus stehen als im Fall von »Terror«, wo sich unter den 164 Passagieren nur 2 Kinder befanden (vgl. »Terror«, S. 37). Das liegt auch daran, dass sie im Straßenverkehr präsenter sind als im Flugverkehr.

Unterschiede gibt es auch im Hinblick auf die *Verursachung* des Dilemmas. So wird die Dilemmasituation in »Terror« absichtlich von den Terroristen herbeigeführt. Intentionales unmoralisches Handeln hat also die Situation verursacht. Dies dürfte beim autonomen Fahren nicht typischerweise der Fall sein. Es ist davon auszugehen, dass Menschen beim autonomen Fahren nicht absichtlich solche Dilemmata bewirken. In manchen Fällen mag fahrlässiges Fehlverhalten eine Rolle spielen, etwa die Missachtung der Verkehrsregeln, wenn ein Fußgänger bei einer roten Ampel die Straße überquert. Aber es muss kein Regelverstoß vorliegen, damit es zu einem Dilemma kommen kann.

Möglich sind beim autonomen Fahren natürlich auch absichtlich herbeigeführte Dilemmasituationen wie in »Terror«, beispielsweise, wenn Terroristen autonome Fahrzeuge mit dem Ziel hacken, sie zur Waffe zu machen, um wahllos Menschen zu töten. Diese Option ist bei der Bewertung der Wünschbarkeit des autonomen Fahrens durchaus von Bedeutung. Schließlich eröffnet sich hier ein Einfallstor für den Terrorismus, das die Dimensionen von »Terror« sprengt, da durch die Vernetzung der Autos die gesamte Fahrzeugflotte betroffen wäre. Schlimmstenfalls könnten Killerautos gegeneinander und gegen jeden Fußgänger oder Radfahrer agieren. Eine punktuelle Abschussmöglichkeit wie im Theaterstück bestünde in einer solchen Situation kaum mehr. Von dieser Möglichkeit wird daher im Folgenden abgesehen.

Eine weitere Differenz betrifft die *Verfügbarkeit alternativer Handlungsoptionen*. So scheint es nach den Ausführungen der Staatsanwältin in »Terror« bis zu einem gewissen Zeitpunkt möglich gewesen zu sein, das Stadion zu räumen: »Hätten sich alle verfassungstreu verhalten, wäre die Situation gar nicht erst eingetreten. Dann nämlich wäre das Stadion geräumt worden, und niemand wäre noch gefährdet worden.« (»Terror«, S. 121) Für die Dilemmata beim autonomen Fahren ist es hingegen charakteristisch, dass solche Alternativen nicht bestehen.

Auch die *Situation der Flugzeugpassagiere* unterscheidet sich von der Lage derjenigen, die möglicherweise von moralischen Dilemmasituationen beim autonomen Fahren betroffen sind. So argumentiert der Angeklagte in »Terror«:

»Die Passagiere an Bord haben sich selbst in Gefahr begeben, indem sie an Bord des Flugzeugs gegangen sind. (...) Heute ist doch jedem klar, dass immer mit einer Entführung gerechnet werden muss. Jeder Passagier eines Flugzeugs weiß heute, dass er Opfer eines Terroranschlags werden kann. Sie sehen das auch überall – denken Sie nur an die Sicherheitsvorkehrungen am Flughafen. Die Bedrohung ist für jeden erkennbar.« (»Terror«, S. 87 f.)

Ob diese Argumentation überzeugend und rechtlich von Bedeutung ist, sei dahingestellt. Entscheidend ist, dass die Risikobereitschaft der Teilnehmer im Straßenverkehr definitiv anders einzuschätzen ist. So kann man sich zwar dafür entscheiden, selbst in kein autonomes Fahrzeug zu steigen. Überhaupt nicht am Straßenverkehr teilzunehmen ist jedoch ein Ding der Unmöglichkeit. Ein normales Leben schließt in modernen Gesellschaften die Teilnahme am Straßenverkehr zumindest als Fußgänger oder Radfahrer zwangsläufig ein.

Von großer Bedeutung ist weiterhin, dass es sich bei der in »Terror« skizzierten Tat juristisch gesehen eindeutig um ein *Unrecht* handelt. Die offene Frage ist, ob der Täter sich auch strafrechtlich schuldig gemacht hat. Da er sich in einem unauflösbaren Gewissenskonflikt befand, liegt möglicherweise ein entschuldigender übergesetzlicher Notstand vor. Das deutsche Recht erlaubt es, in solchen Fällen einen Unterschied zwischen Unrecht und Schuld zu machen.[7]

Beim autonomen Fahren hingegen geht es um eine gesetzliche Regelung, die bestimmen würde, dass einige Menschen zu töten sind, um andere zu retten. In diesem Fall handelt es sich nicht um eine Gewissensentscheidung in einer Ausnahmesituation, sondern um *institutionalisiertes Handeln durch den Staat*, der eine rechtlich verbindliche Vorgabe machen würde. Selbst wenn man im Fall des Flugzeugpiloten geneigt ist, einen übergesetzlichen Notstand anzuerkennen, ist ein solcher beim autonomen Fahren nicht gegeben. Während es in »Terror« um die Ausnahme von der Regel geht, betrifft das autonome Fahren die Regel und nicht die Ausnahme.

Schließlich trifft in »Terror« ein Mensch die Entscheidung zum Abschuss der Maschine auf der Grundlage dessen, was seine Vorgesetzten ihm sagen und was sein Gewissen ihm vorgibt. Im Fall des autonomen Fahrens würde hingegen ein *Softwareagent* über das Leben von Menschen entscheiden. Gegen diese Unterscheidung könnte man einwenden, dass doch auch ein autonomes Fahrzeug von Menschen programmiert ist und somit auch hier die Entscheidung von Menschen gefällt wird. Doch je größer die Fortschritte der Künstlichen Intelligenz sind, desto stärker kommt es zu einem Mangel an *Vorhersehbarkeit* und *Kontrolle* des Verhaltens autonomer Systeme.

So lassen sich bereits die einzelnen Züge eines Schachprogramms weder von den Entwicklern noch von den weltbesten Schachspielern vorhersagen, was sicherlich zum Spielerfolg solcher Systeme beiträgt. Das trifft in noch höherem Maß auf das Brettspiel Go zu. Dieses galt lange Zeit als zu komplex und kognitiv zu anspruchsvoll für ein künstliches System. Doch dem von *Google DeepMind* mit den Mitteln des maschinellen Lernens entwickelten Programm *AlphaGo* gelang es 2016, einige der weltbesten Spieler zu schlagen. Ende 2017 folgte *AlphaGo Zero*, das im Unterschied zu *AlphaGo* nur mit den Spielregeln ausgestattet war und nicht mehr anhand einer großen Datenmenge menschlicher Spiele trainiert werden musste. Beide Systeme besiegten die weltbesten Go-Spieler, und weder diese noch die Programmierer waren in der Lage, unmittelbar zu bestimmen, für welche Spielzüge sich die Systeme entscheiden würden.

Gunther Teubner hat aufgrund dieses *Autonomierisikos* vorgeschlagen, Softwareagenten im privatrechtlichen Bereich als digitale Rechtssubjekte zu behandeln, die einen vergleichbaren Status wie Erfüllungsgehilfen besäßen.[8] Diese Sichtweise wird den Besonderheiten autonomer Softwareagenten im Privatrecht durchaus gerecht, ist jedoch nicht ohne Weiteres auf den strafrechtlichen Bereich übertragbar, um den es in »Terror« geht.[9]

Hier soll nun die Frage gestellt werden, ob sich die moralische Intuition vieler Menschen, dass der Pilot die Maschine zu Recht abgeschossen hat, auch auf das autonome Fahren übertragen lässt. Mit anderen Worten, ob eine Maschine die Erlaubnis dazu haben sollte, in einer Dilemma-Situation Menschen zu töten. Diese Frage wurde bislang insbesondere im Hinblick auf autonome Waffensysteme diskutiert.

### Kriegsroboter und das autonome Fahren

Der Begriff »Kriegsroboter« steht in der Umgangssprache für autonome Waffensysteme, die in der Lage sind, militärische Ziele (Personen oder Einrichtungen) ohne menschliches Zutun auszuwählen und anzugreifen. Patrick Lin vom

*Center for Internet and Society* der Stanford Universität stellt eine Analogie zwischen der Programmierung autonomer Fahrzeuge zum Zweck der Unfalloptimierung und der Zielbestimmung autonomer Waffensysteme her.[10] Um Unfallergebnisse zu optimieren, ist es notwendig, Kostenfunktionen anzugeben, die bestimmen, wer im Zweifelsfall verletzt und getötet wird. Ganz ähnlich wie bei autonomen Waffensystemen müssten also für den Fall einer unvermeidlichen Kollision legitime Ziele festgelegt werden, die dann vorsätzlich verletzt oder getötet würden.

Sieht man einmal von den technischen Schwierigkeiten ab, die die Diskrimination solcher Ziele beinhaltet, gibt es drei grundlegende Einwände, warum es moralisch fragwürdig ist, Maschinen eine solche Tötungsentscheidung zu übertragen.[11]

## a) Das Argument von der Verantwortungslücke

Das erste Argument gegen autonome Waffensysteme soll zeigen, dass sie die Zuschreibung von Verantwortung für Tötungshandlungen unmöglich machen. Robert Sparrow, auf den dieses Argument zurückgeht, spricht vom Entstehen einer Verantwortungslücke.[12] Für ihn ist eine Tötungshandlung im Krieg nur dann moralisch erlaubt, wenn sie bestimmten ethischen sowie rechtlichen Vorgaben entspricht und es jemanden gibt, der die Verantwortung für die Handlung trägt. Autonome Waffensysteme mögen nun vielleicht diese moralischen und rechtlichen Standards sogar besser einhalten als Menschen. Dennoch sind sie moralisch verboten, wenn niemand für ihr Handeln verantwortlich gemacht werden kann.

Doch genau das ist nach Sparrow der Fall. Für die Handlungen eines solchen Systems kann aus seiner Sicht letztlich niemand moralisch zur Verantwortung gezogen werden, weder die Programmierer noch die Befehlshaber, das Bedienpersonal und die Maschine selbst schon gar nicht. Der Grund dafür besteht in dem Mangel an Vorhersehbarkeit und Kontrolle, den diese Systeme mit sich bringen. Deshalb können sie zwar keine moralische Verantwortung tragen, aber Verantwortungslücken erzeugen. Eine Verantwortungslücke entsteht, wenn: (1) ein Kriegsroboter nicht absichtlich so programmiert wurde, dass er die ethischen bzw. rechtlichen Normen der Kriegsführung verletzt; (2) es nicht vorhersehbar war, dass der Einsatz des Kriegsroboters dazu führen würde; und (3) ab dem Start der Operation keine menschliche Kontrolle mehr über die Maschine bestand.

Die Pointe des Arguments von der Verantwortungslücke besteht darin, dass unter diesen Bedingungen niemand verantwortlich für das Handeln der Maschine gemacht werden kann. Das liegt letztlich daran, dass die Kriterien der Verantwortungszuschreibung nicht erfüllt sind: Es liegt keine Absicht, keine Einsicht in die Folgen und keine kausale Kontrolle vor. Doch wenn niemand die Verantwortung für die Tötungshandlung eines solchen Systems trägt, dann ist diese nach Sparrow moralisch nicht zulässig.

*b) Das Argument vom moralischen Handlungsspielraum*
Das zweite Argument geht auf Alex Leveringhaus zurück und stellt die Bedeutung des Freiraums, der beim menschlichen Handeln besteht, in den Vordergrund.[13] Demnach ist

es moralisch fragwürdig, wenn die Entscheidung und Umsetzung einer Tötungshandlung nicht von einem Menschen, sondern von einer Maschine vollzogen wird. Der Grund dafür ist, dass ein Mensch aufgrund von Gewissensbissen, Mitleid oder Barmherzigkeit von der Tötungshandlung Abstand nehmen kann.

So haben sich verschiedentlich Soldaten dagegen entschieden, nackte Soldaten zu töten, obwohl sie legitime Ziele sind, weil sie ihnen in dem Moment in ihrer Verletzlichkeit primär als Mitmenschen und nicht als Feinde erschienen. Ein autonomes System hingegen hätte die Tötungshandlung ohne zu zögern durchgeführt. Aus moralischer Sicht besitzt diese Möglichkeit, anders zu handeln, einen Eigenwert. Kriegsroboter und autonome Fahrzeuge, so kann man daran anknüpfend argumentieren, sind moralisch fragwürdig, weil sie diesen Handlungsspielraum schließen.

Moralisch fragwürdig heißt jedoch noch nicht automatisch »moralisch verboten«. Es stellt sich deshalb die Frage, ob es Situationen gibt, in denen der Wert des moralischen Handlungsspielraums durch etwas anderes aufgewogen werden kann. An dieser Stelle kommt das Argument von der moralischen Pflicht ins Spiel.

## c) Das Argument von der moralischen Pflicht

Dieses Argument geht davon aus, dass ein Schließen des moralischen Handlungsspielraums bestenfalls dann moralisch zulässig wäre, wenn es eine Pflicht zu töten gäbe.[14] Ein klassischer Kandidat für eine Situation, in der eine solche Pflicht vorliegen könnte, wäre etwa der Tyrannenmord, wenn abzusehen ist, dass dadurch wieder rechtsstaatliche Verhältnisse hergestellt und viele Menschenleben gerettet werden können.

So spricht einiges dafür, dass die Hitlerattentäter vom 20. Juli 1944 es als ihre moralische Pflicht ansahen, das Attentat zu begehen.[15] Sollte es tatsächlich in bestimmten Fällen eine moralische Pflicht zum Töten geben, dann gälte das Argument von der menschlichen Handlungsfähigkeit nicht mehr uneingeschränkt. Hier wären Mitleid und Barmherzigkeit fehl am Platz. Es stellt sich jedoch die Frage, ob für Soldaten im Krieg eine moralische Pflicht zum Töten besteht oder ob dies nur moralisch zulässig ist.

Die traditionellen Theorien des gerechten Kriegs lassen sich am besten so verstehen, dass sie eine grundsätzliche Pflicht, andere nicht zu verletzen oder zu töten, anerkennen, vor deren Hintergrund die moralische Zulässigkeit von Verstößen dagegen im Krieg zu rechtfertigen ist.[16] Demnach gäbe es auch im Krieg keine Pflicht zu töten, und das Argument von der moralischen Handlungsfähigkeit bliebe in Kraft. Lässt sich dieses Argument auf das autonome Fahren übertragen? Dazu ist zu klären, ob eine moralische Pflicht besteht, unschuldige Menschen zu verletzen oder zu töten, sofern dies dazu dient, einen größeren Schaden zu verhindern.

Eine solche Pflicht stünde in einem Spannungsverhältnis zur deutschen Rechtsprechung, die in »Terror« thematisiert wird. Das Bundesverfassungsgericht hat in seiner Entscheidung zum Luftsicherheitsgesetz im Jahr 2006 zum Abschuss entführter Passagierflugzeuge, die von Terroristen als Massenvernichtungswaffen eingesetzt werden sollen, festgestellt, dass ein Abschuss immer der Menschenwürde der Flugzeug-passagiere widerspricht.[17] Das Grundgesetz schließt aus, auf der Grundlage einer gesetzlichen Ermächtigung unschuldige Menschen vorsätzlich zu töten. Dieses Urteil steht zumindest auf den ersten Blick in einem Widerspruch zu einer Pflicht der Schadensminimierung seitens des Staates, die die vorsätzliche Verletzung oder Tötung unschuldiger Menschen umfasst.

Es gibt allerdings Stimmen, die in dieser Sache noch nicht das letzte Wort gesprochen sehen. Ein Vorschlag besteht darin, von einer *Abstufung im Unrecht* auszugehen.[18] Demnach ist die Tötung unschuldiger Menschen rechtswidrig (und wohl auch unmoralisch), gleichwohl soll es eine rechtliche und moralische Pflicht geben, so wenige Leben wie möglich zu vernichten, und zwar auch dann, wenn dabei vorsätzlich unschuldige Menschen verletzt oder getötet werden.

Allerdings scheint eine solche Pflicht bislang in der Rechtsdogmatik nicht allgemein anerkannt zu sein. Zudem ist diese Konstruktion aus moralischer Sicht fragwürdig. Weil die Verletzung und Tötung unschuldiger Menschen weiterhin ein Unrecht darstellt, hätten die Betroffenen nämlich Abwehrrechte. So dürften sie ein Flugzeug abschießen, das auf sie niederzugehen droht, auch wenn diese Option das geringste Übel darstellt. Das würde aber bedeuten, dass jemand eine moralische Pflicht hat, etwas zu tun, während ein anderer das moralische Recht hat, genau dies zu unterbinden.[19] Das scheint mit der Unbedingtheit und Universalisierbarkeit, die nach Kant moralische Pflichten auszeichnen, schlecht vereinbar zu sein. Man stelle sich nur vor, die Insassen des Flugzeugs hätten nun auch das Recht, die Maschine des angreifenden Piloten ihrerseits zum Absturz zu bringen, beispielsweise indem sie ihn durch einen Laserpointer blendeten. Der erneute Ausbruch des Hobbes'schen »Kriegs aller gegen alle«, den doch die Einsetzung des Rechts ein für alle Mal beenden sollte, wäre die Konsequenz einer solchen rechtlichen Konstruktion.[20]

Im Unterschied zum autonomen Fahren, bei dem das Töten einiger Menschen, um Schaden von anderen abzuwenden, aufgrund seiner rechtlichen Verbindlichkeit eine Pflicht zum Töten voraussetzt, ist dies jedoch keine Voraussetzung von »Terror«. Das wird besonders deutlich, als der Angeklagte gefragt wird: »Hätten Sie geschossen, wenn Ihre Frau in dem Flugzeug gewesen wäre?« (»Terror«, S. 96) Die vollkommen verwirrte Reaktion des Piloten legt nahe, dass er dies wohl nicht getan hätte. Gäbe es eine moralische Pflicht zum Töten, dann hätte er es jedoch tun müssen. Der Verteidiger empfindet bereits die Frage danach als »Unverschämtheit« und trifft damit einen Punkt.

So argumentiert der Philosoph Bernard Williams, dass es »ein Gedanke zu viel« sei, wenn ein Ehemann angesichts der Möglichkeit, entweder seine Frau oder einen Fremden zu retten, erst darüber nachdenken müsste, ob es mit seinen moralischen Prinzipien vereinbar ist, seiner Frau den Vorzug zu geben.[21] Der springende Punkt ist, dass die Durchführung solcher Gedankenexperimente dem besonderen Verhältnis einander liebender Ehepartner nicht angemessen wäre. Schon derartige Überlegungen drohen, uns von unseren persönlichen Bindungen durch Familie oder Freunde zu entfremden. Beim autonomen Fahren müsste hier jedoch im Vorhinein eine Rangfolge festgelegt werden.

Zugleich kann nicht einfach eine Hierarchie aufgestellt werden, entsprechend der Kinder vor Erwachsenen, Ehepartner vor Fremden und eigene Kinder vor Ehepartnern zu retten sind. Denn es kann immer wieder zu tragischen Situationen kommen, in denen auch diese Vorrangregelungen nicht zum richtigen Ergebnis führen, beispielsweise dann, wenn mehrere Kinder involviert sind. Außerdem stellt allein schon die Abwägung beispielsweise von Ehepartnern gegen ihre Kinder eine Zumutung dar, die der Art unserer familiären Bindungen als solchen zutiefst widerspricht. In der Konsequenz sind nicht nur die moralischen Entscheidungen, sondern bereits die Überlegungen im Vorfeld, zu denen uns die Umsetzung des autonomen Fahrens zwingt, ethisch zutiefst fragwürdig.

Ganz abgesehen davon wäre eine solche Regelung als rechtlicher Rahmen völlig ungeeignet, denn die Bevorzugung des Ehepartners oder der Familie ist aus einer unparteilichen Perspektive, die hier anzulegen ist, gerade nicht zu rechtfertigen.[22] Aus demselben Grund ist auch der Vorschlag nicht tragfähig, autonome Autos sollten sich an den individuellen Moralvorstellungen ihrer Nutzer orientieren.[23]

*Fazit*

In diesem Beitrag wurde untersucht, inwiefern sich die verbreitete Intuition, dass der Pilot in Ferdinand von Schirachs »Terror« das Richtige getan hat, auch auf autonome Fahrzeuge übertragen lässt. Darf ein Roboterauto Menschen töten, um Schaden von anderen Menschen abzuwenden? Wie sich gezeigt hat, handelt es sich jedoch um zwei gänzlich unterschiedliche Situationen, die eine Übertragung dieser Intuition nicht erlauben. Während in »Terror« ein Mensch in einer Ausnahmesituation eine Gewissensentscheidung trifft, geht es beim autonomen Fahren um eine institutionalisierte Form des Handelns. Einem selbstfahrenden Auto müsste eine solche Entscheidung rechtlich verbindlich vorgegeben und einprogrammiert werden. Der Sache nach treffen deshalb drei der grundlegenden Argumente, die gegen autonome Waffensysteme vorgebracht werden, auch auf das autonome Fahren zu: (1) Es führt zu einer Verantwortungslücke, (2) der für menschliche Akteure charakteristische Handlungsspielraum wird geschlossen, und (3) es besteht keine moralische Pflicht zu töten. Aus diesen Gründen wäre es höchst problematisch, Robotern die Lizenz zum Töten zu erteilen. Statt übereilt das autonome Fahren zu forcieren, sollten die Sicherheitszugewinne durch das assistierte Fahren ausgeschöpft werden. Wie in anderen Bereichen auch liegt die Zukunft weniger in der Ersetzung des Menschen durch die Maschine, sondern in der optimalen Gestaltung des Zusammenwirkens von Mensch und Maschine.

Sara von Schwarze

# Die Begegnung mit dem Publikum

Das Erfordernis, das Theatermaterial dem Publikum anzubieten, ist eine schwierige und spannende Aufgabe für jeden
Bühnenschaffenden. Was wären wir ohne das Publikum?
Was wäre die Theaterkunst ohne die Menschen, die Kar-
ten kaufen, um eine Vorstellung zu besuchen? Andererseits
wollen wir nicht der dressierte Pudel sein, der nur amüsiert
oder sich einschmeichelt. Es geht uns nicht darum, die Menschen um jeden Preis ins Theater zu locken. Das ist der innere Konflikt des Künstlers.

Seit den Zeiten der Höhlenbewohner bestand unser Auftrag darin, die Geschichte des Stammes zu erzählen, den
Augenblick festzuhalten, das Erlebte zu intensivieren, wie-
derzugeben, was wir gesehen und erfahren haben, und die
dadurch ausgelösten Gefühle in Bilder und Worte, in Töne
und Bewegung umzusetzen. Zur Belohnung bekamen wir
dafür einen Anteil an der Beute, die wir nicht immer selbst
gejagt und erlegt hatten.

Shakespeare hat diesen Auftrag in Hamlets Rede an die Schauspieler gut definiert. Diese Rede kann meiner Ansicht nach jedem darstellenden Künstler als Leitlinie dienen. Sie ist für den Schauspieler so etwas Ähnliches wie der Eid des Hippokrates für den Arzt. Der für mich wichtigste Satz in der Rede lautet: Der Zweck des Schauspiels ist, »der Natur gleichsam den Spiegel vorzuhalten, der Tugend ihre eigenen Züge, der Schmach ihr eigenes Bild und dem Jahrhundert und Körper der Zeit den Abdruck seiner Gestalt zu zeigen«.

Das ist eigentlich meine Aufgabe als Künstler: dem Publikum im Saal die Wirklichkeit in einem anderen Licht und aus einem anderen Blickwinkel zu zeigen. Der Mensch ist ein anpassungsfähiges Wesen, das sich den Zwängen einer wechselnden Realität beugen muss. Die Kunst soll uns und das Publikum daran erinnern, wozu wir da sind, was wir eigentlich ursprünglich wollten. Sie soll Sehnsüchte in uns wecken, uns zum Handeln und vor allem zum Denken anspornen. Was bringt einen Menschen dazu, seinen bequemen Sessel und seine elektronischen Geräte hinter sich zu lassen, ins Theater zu gehen und dort schweigend im Dunkeln zu sitzen, um sich mit einer Darbietung zu beschäftigen, die der Intendant, der Regisseur, die Schauspieler und andere Bühnenschaffende ihm vorsetzen?

Wenn wir uns darauf beschränken, die Zuschauer zu beschimpfen und die Gleichgültigkeit des Publikums und der Menschheit anzuprangern, bleiben wir bald allein im Saal und setzen nicht nur unseren Lebensunterhalt, sondern auch unseren Auftrag und unsere Selbstverwirklichung aufs Spiel. Und wenn wir ein Stück aufführen, das von vornherein einen klaren Standpunkt vertritt, kommen nur Leute, die ohnehin mit uns übereinstimmen – auf Hebräisch nennt man das »die Überzeugten überzeugen«. Vielleicht ist es gar nicht meine Aufgabe, andere zu meinem Standpunkt zu bekehren? Wer sagt denn, dass ich recht habe? An Demokratie zu glauben bedeutet für mich, ein weites Meinungsspektrum zuzulassen. Da bleibt mir nur, wie Shakespeare sagt, »der Natur den Spiegel vorzuhalten«. Einen Konflikt darzustellen, um den sich ein Drama entfaltet. Das Publikum gleichzeitig zu respektieren und aufzurütteln. Festgefügte Überzeugungen ein wenig ins Wanken zu bringen. Das Wichtigste ist, kein didaktisches Theater zu machen, sondern Kunst, die zum Denken anregt.

Wie soll eine solche Kunst aussehen?

Mit solchen Fragen setze ich mich als Bühnenschaffende tagtäglich auseinander. Wenn man in Israel lebt, werden sie noch viel komplexer. Wegen der radikalisierten politischen Lage, wegen des Konflikts und ständigen Drucks, unter dem wir leben, wegen der Angriffe unserer Kulturministerin Miri Regev auf unliebsame Künstler, wegen der Politiker, die uns als »Verräter« und »Linksradikale« anprangern, gelten wir manchmal als der Inbegriff alles Bösen. Kritik gilt als Beweis, dass wir unser »Heimatland« nicht lieben. Die Selbstzensur wird zu einem integralen Bestandteil der Theaterwelt. Dazu kommt, dass wir im Ausland als Israelis durch die BDS-Bewegung (*Boycott, Divestment and Sanctions*) und ihre Sympathisanten angegriffen und boykottiert werden, was unseren Handlungsspielraum als Künstler noch mehr einschränkt.

Andererseits ist das israelische Publikum aufgeschlossen und begeisterungsfähig. Passanten halten uns auf der Straße oder auf dem Parkplatz an und diskutieren mit uns über ein Stück, das sie gesehen haben. Das Publikum mag keine Theatererziehung genossen haben, aber es konsumiert Theater. Der Künstler ist hin- und hergerissen zwischen dem Bedürfnis, vom Publikum geliebt zu werden, und der komplexen, aber auch interessanten und herausfordernden Aufgabe, in unserer spezifischen politischen Situation seiner Bestimmung, wie ich sie sehe, gerecht zu werden.

Gleich nach dem Fall der Mauer besuchte ich meinen Bruder, der in Berlin lebt. Ich streifte durch Ost-Berlin, sah mir eine Kunstausstellung an und ging ins Maxim-Gorki-Theater. Danach ging ich jeden Abend in dieses Theater, bis ich das ganze noch vor dem Mauerfall konzipierte Repertoire gesehen hatte.

Die Stücke kannte ich zum Teil. Mich faszinierte die Intensität, die unter den gesprochenen Texten und den Schichten von Farben und Bildern zu spüren war. Das Regime mit seinen Zensur- und Verfolgungstaktiken hatte die Künstler gezwungen, latente Kritik in ihren Werken unterzubringen. Die Bühnenbilder waren voller Kraft und Schmerz, die noch in der DDR-Zeit inszenierten Stücke reich an sozialen und politischen Aussagen. Ich will nicht behaupten, dass ein Künstler um seine Existenz kämpfen und vom Regime verfolgt sein muss, doch ich glaube fest daran, dass er dem Publikum vermitteln soll, was er sieht und fühlt. Er sollte das Gesamtbild sehen und keinesfalls bereit sein, das Ego bestimmter Personen oder Kreise zu streicheln. Das heißt, dass wir in einer polarisierten politischen Situation eine wichtige, notwendige und schwierige Aufgabe haben. Sie fordert uns zu größerer Wachsamkeit heraus.

Die Lage in Israel ist immer noch anders als in der damaligen DDR, aber meiner Meinung nach hat das Land, in dem ich lebe, die Orientierung verloren. Doch ich hoffe von ganzem Herzen, dass wir den Weg wiederfinden.

Ein Staat, der jede Abweichung von der vorherrschenden Meinung für Verrat hält, ein Staat, der seine Bürger mehr nach ihrer Religion und Herkunft als nach ihrem Verhalten beurteilt, ein solcher Staat hat ein Problem. In solch einer Situation kommen grundlegende Rechte wie die Gleichheit und die Würde des Menschen als erste in die Schusslinie.

Als ich »Terror« von Ferdinand von Schirach las, wurde mir sofort klar, dass dieses Theaterstück wichtig ist und gerade jetzt in Israel aufgeführt werden sollte. Tatsächlich kam das Stück Ende 2017 im Cameri-Theater erstmals auf die Bühne. Es führt uns beispielhaft vor Augen, wie man ein moralisches und gesellschaftliches Dilemma darstellen kann, ohne im Sumpf der Gegensätze zwischen links und rechts, liberal und konservativ zu versinken. Wie man vermeiden kann, militant oder didaktisch aufzutreten. Wie man einen Diskurs über das Wesen der Demokratie in Gang bringt, ohne Antagonismen zu erzeugen.

Das Theaterstück »Terror« fordert das Publikum auf, über einen Gewissenskonflikt zu entscheiden. Dieser Konflikt reflektiert weitere wesentliche Themen, wie z.B. den Unterschied zwischen liberaler und konservativer Gesinnung und zwischen defensivem und offensivem Denken.

Es geht hier letztlich um das Wesen der Demokratie, fern von Plakaten oder Demonstrationen. Daraus ergibt sich die Frage, ob wir wirklich verstehen, was Demokratie ist und wozu sie überhaupt da ist.

Mit anderen Worten, Menschen unterschiedlicher Positionen und politischer Orientierung können dieses Stück sehen und sich die Option offenhalten, Fragen zu stellen. Allein die Abstimmung am Ende der Vorstellung gibt ihnen bereits das Gefühl, dass ihre Meinung zählt und geachtet wird. Das Stück respektiert ein breites Meinungsspektrum, und das ist schon für sich genommen ein großer Erfolg.

Bei den Gesprächen mit den Zuschauern nach der Vorstellung sprachen wir oft über den Unterschied zwischen einer defensiven Haltung, die eine Räumung des Stadions befürwortet, und der offensiven Option, das gekaperte Flugzeug abzuschießen.

Dieses Thema wird in Israel viel diskutiert. Wegen der hiesigen Sicherheitssituation dominiert die offensive Strategie. Es gab hier beispielsweise eine heftige Diskussion über das Projekt *Iron Dome*, ein mobiles Raketenabwehrsystem, das die Zivilbevölkerung vor feindlichen Raketenangriffen schützen soll. Das Projekt hat viele Menschenleben gerettet und Sachschäden verhindert, war aber anfangs wegen seines rein defensiven Charakters umstritten. Manche argumentierten, dass die Einführung dieses Systems vom Feind als Schwäche angesehen werden würde. Letzten Endes siegte der gesunde Menschenverstand. In einem Rechtsstaat muss ein Gleichgewicht zwischen defensiver und offensiver Perspektive herrschen.

Wenn man über israelische Theaterbesucher spricht, ist davon auszugehen, dass sie sich von dem Publikum anderer Länder unterscheiden. Wir haben es hier mit einem älteren, heterogenen Publikum zu tun, das aus sehr unterschiedlichen Bevölkerungsschichten stammt. Die Vermarktung von Theaterkarten läuft hauptsächlich über Abonnenten und Betriebsräte oder Angestelltenvertretungen von Firmen oder Büros. Da die Theater nur mit 0,18 Prozent des Staatsbudgets subventioniert werden, müssen sie einen beträchtlichen Teil ihrer Ressourcen darauf verwenden, ihre Produktionen zu verkaufen und ein breites Publikum anzusprechen.

Die Kriterien für die staatliche Subventionierung von Kulturinstitutionen richten sich nach der Zahl der Zuschauer, der Quantität der Projekte, dem sozialen Engagement u. ä. Demnach bestimmt die Menge der Theaterproduktionen und nicht deren Niveau die Höhe der Subventionen, was dazu führt, dass man praktisch genötigt ist, das Publikum um jeden Preis ins Theater zu holen. Davon hängt auch die Auswahl der Theaterstücke ab. Intendanten müssen oft ihre künstlerischen Präferenzen beiseiteschieben und sich für Stücke entscheiden, die leichter zu vermarkten sind. Das Publikum ist zwar wohlwollend und engagiert, verliert aber schnell das Interesse und die Geduld. Die meisten Zuschauer haben das Stück nicht gelesen, bevor sie es auf der Bühne sehen. Ein klassisches Stück aufzuführen, ohne das Publikum zu langweilen, ist eine Herausforderung. Die Interpretation des Schauspiels durch den Regisseur ist dem israelischen Theaterbesucher weniger wichtig. Es kommt ihm mehr darauf an, nach der Vorstellung sagen zu können: »Wow, ich habe Hamlet gesehen, und es war interessant. Ich bin nicht eingeschlafen.«

Auch das Cameri-Theater, zu dessen ständigem Ensemble ich gehöre und das eine Vielfalt von klassischen und israelischen Stücken auf die Bühne bringt, bemüht sich, zwischen Vermarktungszwängen und dem Streben nach einer authentischen Aussage zu manövrieren. Auf diese Weise kam es zu dem Entschluss, »Terror« auf die Bühne zu bringen.

Das Stück wurde zunächst im Rahmen eines Festivals aufgeführt und gleich darauf in den Spielplan aufgenommen, wobei uns ein kleiner Saal mit 164 Plätzen zur Verfügung gestellt wurde. Die Parallele zu den 164 Passagieren und Besatzungsmitgliedern, die in dem Stück bei dem Abschuss des gekaperten Flugzeugs ums Leben kommen, drängt sich auf. Sie führte zu der Idee, die Rückwand des Gerichtssaals als Plexiglaswand mit Spiegeleffekt zu gestalten, sodass das Publikum sich bei manchen Szenen selber sehen kann.

Die Zuschauer betreten den kleinen Saal, spüren die intime Atmosphäre, genießen die Kühle der Klimaanlage (die in diesem heißen Land unentbehrlich ist), hören leise Musik, die eine untergründige Spannung erzeugt, auf der Rückwand wechseln sich videoprojizierte Meereswellen mit der verschwommenen Reflexion des Publikums ab, der Pilot, der nervös auf die Gerichtsverhandlung wartet, wird mit Beleuchtungseffekten durch die Plexiglaswand hindurch in seiner Arrestzelle sichtbar – all das versetzt das Publikum in einen Zustand gespannter, doch gelassener Konzentration, der an sich schon im Gegensatz zu dem intensiven, lärmenden Treiben im Theaterfoyer steht. Die meisten Zuschauer haben das Stück nicht gelesen, doch sie werden durch die Eröffnungsrede der Richterin darauf vorbereitet, dass sie die Rolle einer Geschworenenjury spielen, die nach der Vorstellung ihr Urteil fällen soll. Auch die Ehemänner, die von ihren Frauen ins Theater geschleppt werden und irgendwann einnicken, spitzen die Ohren und richten sich gespannt in ihrem Sessel auf. Wenn man ihnen eine Aufgabe gibt, sind sie dabei.

Bei alledem hatte ich trotzdem Angst vor der Begegnung mit dem Publikum. Ich fürchtete, dass die Zuschauer, die an dynamischere Theaterkost gewöhnt sind, bei einem Stück, das als nüchterne Gerichtsverhandlung aufgezogen ist, das Interesse verlieren würden. Doch der Hinweis auf die abschließende Abstimmung führte dazu, dass die Menschen aufmerksam und interessiert an die Sache herangingen.

Die israelische Mentalität neigt dazu, Menschen nach ihrer Religion, Abstammung, der Herkunft der Eltern, ihrem Wohnort und ihrer rechts- oder linksorientierten politischen Auffassung zu definieren. Das Stück »Terror« neutralisiert das Bedürfnis nach Kategorisierung. Dazu trägt auch die Tatsache bei, dass die Handlung in Deutschland spielt. Die Aufmerksamkeit des Publikums lässt nicht nach, da es sich nach der Vorstellung für eine der beiden Seiten entscheiden soll. Die Entscheidung bleibt offen und steht nicht wie meistens von vornherein fest.

Von Schirach stellt in »Terror« zwei entgegengesetzte Weltanschauungen so überzeugend dar, dass das israelische Publikum, ob Alte oder Junge, Siedler oder Tel Aviver, Konservative oder Liberale, Ansatzpunkte darin finden kann. Das Stück gibt keiner Seite den Vorzug, sondern wirft eine moralische Frage auf und bietet zwei Optionen an. Damit haben wir schon erreicht, ein nuancierteres Publikum anzusprechen. Auch bei der Inszenierung habe ich für die Rollen des Verteidigers und der Staatsanwältin Schauspieler eingesetzt, deren Präsenz und Überzeugungskraft gleich gewichtet sind, damit keiner von beiden weniger kompetent oder eindrucksvoll erscheint.

Dass in dem Stück eine Frau als Staatsanwältin und ein Mann als Verteidiger auftreten, lässt auch das Motiv des Kampfes der Geschlechter anklingen. Doch in der Rede der Richterin am Ende des Stücks fordert der Autor das Publikum auf, nur die vorgebrachten Argumente zu bedenken und sich nicht davon leiten zu lassen, ob sie mit dem Verteidiger oder der Staatsanwältin sympathisieren.

Dieser Punkt ist deshalb so wichtig, weil wir uns allzu leicht nicht von dem Gesagten beeinflussen lassen, sondern von der Person, die diese Worte ausspricht. Wir müssen versuchen, unsere persönliche Meinung über einen Menschen auszublenden, um uns dem Thema selbst zu stellen. Von Schirach gibt eine Herausforderung, mit der sich anscheinend jeder Jurist auseinandersetzen muss, an das Theaterpublikum weiter. Wir sollen zuhören und die Tatsachen sprechen lassen, anstatt uns durch unseren persönlichen Eindruck von dem Sprecher oder der Art, wie er seine Worte vorbringt, ablenken zu lassen.

Das Stück stellt aber auch einen weiteren Aspekt klar: wie schwer es ist, eine Entscheidung zu treffen, wenn es um

Menschenleben geht. Nach der Vorstellung sah ich heftig diskutierende Paare zusammenstehen. Manche wurden richtig böse, als ihre Partner im Gegensatz zu ihnen den Angeklagten freisprachen oder für schuldig erklärten. Dabei hatten wir vor der Abstimmung ausdrücklich betont, dass es dabei nur um Schuld oder Nichtschuld gehe und nicht um die Strafhöhe, über die erst im Falle eines Schuldspruchs entschieden werden würde. Bei der Abstimmung stellten sich Unterschiede zwischen Männern und Frauen heraus. Israelische Männer müssen drei Jahre Wehrdienst und danach zum Teil auch Reservedienst leisten. Frauen dienen nicht ganz zwei Jahre und werden im Allgemeinen nicht zur Reserve eingezogen. Das Militär ist in Israel jederzeit präsent. Soldaten und Soldatinnen in Uniform, mit oder ohne Waffe über der Schulter, sind überall anzutreffen. Die meisten Theaterbesucher haben in der Armee gedient. Ein Teil des Publikums möchte den Piloten in Schutz nehmen und sieht in ihm den eigenen Sohn, der an der Front steht. Manche Zuschauer verglichen in der Diskussion nach der Vorstellung den Piloten mit dem israelischen Sanitätssoldaten Elor Asaria, einem Fall, der in Israel großes Aufsehen erregte, der aber meiner Ansicht nach völlig anders gesehen werden sollte.

Zwei palästinensische Einwohner von Hebron griffen einen israelischen Armeeposten mit Messern an und verwundeten ihn, worauf israelische Soldaten auf sie schossen. Einer starb, der andere wurde schwer verletzt. Der Sanitäter Elor Asaria traf mit einer israelischen Verstärkung ein, um sich um den verwundeten Soldaten zu kümmern. Er beschloss auf eigene Faust, den schwer verletzten Terroristen zu erschießen, und behauptete, er habe um sein Leben und das Leben seiner Kameraden gefürchtet. Über diesen Fall entbrannte eine heftige öffentliche Debatte. Wie lebt man mit dem Terror, wie schützt man sich vor ihm und den damit verbundenen Gefahren? Auf der anderen Seite ist der Terror aus Jahren der Unterdrückung und Ausblendung entstanden. Wir sind auch verantwortlich für die Gewalt, die uns umgibt.

Abschließend möchte ich sagen: Im Gegensatz zu anderen Theaterstücken, in denen ich gespielt oder Regie geführt habe, erlebe ich nach der Aufführung von »Terror« ein aufgerütteltes Publikum, das nach dem Verlassen des Saals im Foyer weiterdiskutiert und die Diskussion auch noch einige Tage fortsetzt.

Das Stück hat eine wesentliche Komponente unseres Lebens herausgefiltert und das Publikum mit der Frage konfrontiert, was Demokratie eigentlich bedeutet. In einem so polarisierten Land kann jeder ungeachtet seiner politischen Zugehörigkeit behaupten, dass nur er »im Recht« sei, und dadurch Öl in die Flammen des Konflikts schütten. Wenn man aber die Menschen dazu bringt, ohne vorgefasste Meinungen über ein Problem nachzudenken, dann ist schon sehr viel gewonnen. Das Stück »Terror« erzeugt einen echten Dialog mit dem Publikum und konfrontiert mich und die israelischen Theaterbesucher mit der grundlegenden Frage, warum die Würde und die Freiheit des Menschen so wichtig für uns sind.

*Der Beitrag wurde Anfang 2020 verfasst. Übersetzt aus dem Hebräischen von Beate Esther von Schwarze.*

# Autorinnen und Autoren

**Nicola Baumann,** geb. 1985 in München, war von 2004 bis 2018 Kampfflugzeugpilotin bei der Luftwaffe. Baumann flog beide Kampfflugzeugmuster der Bundeswehr, den Panavia Tornado sowie den Eurofighter Typhoon und diente in den USA als Fluglehrerin. Sie schied im Rang eines Majors aus und arbeitet seitdem als Beraterin und Ingenieurin.

Dr. **Detlev Baur** wurde 1969 geboren. Ab 1989 Studium der Theaterwissenschaft, Germanistik und Griechischen Philologie in München. Nach einem Studienaufenthalt in Glasgow folgte die Promotion über den »Chor im Theater des 20. Jahrhunderts«. Anschließend Kritiken und Reportagen für Tageszeitungen und Zeitschriften. Seit 2002 ist Detlev Baur Redakteur bei der Zeitschrift »Die Deutsche Bühne« in Köln. Im Jahr 2007 erschien unter seiner Leitung erstmals die Jugendtheaterzeitschrift »junge bühne«, seit 2014 betreut er redaktionell auch die »Werkstatistik« des Deutschen Bühnenvereins.

Prof. em. Dr. **Manfred Brauneck**, Jahrgang 1934, lehrte Neuere Deutsche Literatur- und Theaterwissenschaft an der Universität Hamburg. Er war Direktor des Instituts für Theaterforschung und gründete 1989 den Studiengang Schauspieltheater-Regie, den er bis 2003 leitete. Seit 1973 zahlreiche Gastprofessuren in den USA, Polen und Bulgarien. Seine Forschungsschwerpunkte sind Theorie und Geschichte des europäischen Theaters, Grenzbereiche zwischen Theater und bildender Kunst. Seine Veröffentlichungen zu diesen Gebieten sind heute Standardwerke. Er kuratierte mehrere Ausstellungen, die in Hamburg, Paris, Sofia und in den USA gezeigt wurden. 2010 wurde er mit dem Balzan-Preis für Theaterforschung ausgezeichnet.

Prof. Dr. jur. **Otto Depenheuer** war bis zu seiner Emeritierung 2019 Inhaber des Lehrstuhls für Allgemeine Staatslehre, Öffentliches Recht und Rechtsphilosophie sowie Direktor des Seminars für Staatsphilosophie und Rechtspolitik der Universität zu Köln. Er ist Vorsitzender des wissenschaftlichen Beirates der Deutschen Stiftung Eigentum.

**Dirk Diekmann** begann seine Laufbahn erfolgreich als Schauspieler und Regisseur, die er als Dramaturg und später als Chefdramaturg für Schauspiel- und Musiktheater fortsetzte. Zuletzt oblag ihm als stellvertretender Generalintendant am Düsseldorfer Schauspielhaus auch die Leitung der Dramaturgie. Für Ferdinand von Schirachs »Terror« hat er unterschiedliche Fassungen entwickelt. Zu seinen jüngsten Textbearbeitungen gehören » Faust vs. Faust« für die Bay-

erische Akademie der Schönen Künste und »Hitlers Faust«
für das Nazi-Dokumentationszentrum München. Diekmann war Mitglied der Kunstkommission des Landes Vor-
arlberg und Jury-Mitglied für Darstellende Kunst bei der
Internationalen Bodenseekonferenz.

Dr. **Mathias Döpfner** begann als Musikkritiker 1982 bei
der »Frankfurter Allgemeinen Zeitung«. Nach Stationen als
Chefredakteur der »Wochenpost«, Berlin (1994–1996) und
der »Hamburger Morgenpost« (1996–1998) kam er 1998
als Chefredakteur DIE WELT zur Axel Springer SE. Seit Januar 2002 ist er dort Vorstandsvorsitzender. Er hat zahlreiche Bücher veröffentlicht, unter anderem *Erotik in der Musik*, 1986, *Die Freiheitsfalle*, 2011, ein Gesprächsband mit
Anselm Kiefer, *Kunst und Leben, Mythen und Tod*, 2012.
Er hatte ferner eine Gastprofessur am St. John's College in
Cambridge inne. Außerdem ist er Mitglied des Aufsichtsrats
von Netflix Inc. und der Warner Music Group.

Dr. **Robert Habeck** wurde 1969 in Lübeck geboren. Er studierte Philosophie, promovierte und war gemeinsam mit
seiner Frau als Schriftsteller erfolgreich. Dann zog es ihn in
die Politik. Von 2012 bis 2018 war er Energiewende-Minis-
ter und stellvertretender Ministerpräsident von Schleswig-
Holstein. Seit 2018 ist er Bundesvorsitzender von BÜND-
NIS 90/DIE GRÜNEN.

Dr. **Franz Josef Jung** wurde 1949 geboren. Nach Abitur und
Wehrdienst studierte er Jura und beendete das Studium mit

der Promotion. Er war Bundesvorstand Junge Union, Abgeordneter im Hessischen Landtag, Generalsekretär der CDU Hessen, Fraktionsvorsitzender, hessischer Minister für Bundes- und Europaangelegenheiten, Chef der hessischen Staatskanzlei, Bundesminister der Verteidigung und stellvertretender Fraktionsvorsitzender der CDU/CSU-Bundestagsfraktion. Sein Buch »Die letzten Tage der Teilung« erschien 2010.

Dr. **Ursula Kagerer,** Jahrgang 1987, ist studierte Juristin und Pädagogin. Aktuell lehrt sie an einer Mittelschule in Oberösterreich die Unterrichtsgegenstände Deutsch und Geschichte/Politische Bildung. Nebenberuflich publiziert sie regelmäßig Unterrichtsmaterialien für verschiedene Verlage.

**Dr. Hans Mathias Kepplinger** war Universitätsprofessor für Empirische Kommunikationsforschung an der Universität Mainz und langjähriger Leiter des dortigen Instituts für Publizistik. Er war Gastwissenschaftler u.a. an der UC Berkeley, den Universitäten in Tunis und Lugano sowie der Harvard University. Seine Forschungsschwerpunkte sind das Verhältnis von erkennbarer Realität, medialer Realitätsdarstellung und Realitätswahrnehmung; das Selbstverständnis und die Arbeitsweise von Journalisten; die Kommunikation in Konflikten, Krisen und Skandalen. Gestützt auf seine langjährige Forschungspraxis arbeitet er an einer allgemeinverständlichen Zusammenstellung der wichtigsten Ursachen individueller und kollektiver Fehleinschätzungen von Risiken. Sie wird in Bälde als Buch erscheinen.

Dr. **Alexander Kluge** wurde 1932 in Halberstadt geboren. Nach dem Abitur in Berlin studierte er Rechtswissenschaften, Geschichte und Kirchenmusik in Marburg und Frankfurt/Main (u. a. bei Theodor Adorno). Mit der Dissertation »Die Universitätsselbstverwaltung« promovierte er 1956 zum Dr. jur. Alexander Kluge ist einer der bekanntesten deutschen Filmemacher und Schriftsteller. Für sein umfangreiches Werk erhielt er eine Vielzahl von Preisen und Auszeichnungen.

**Sabine Leutheusser-Schnarrenberger**, geboren 1951, ist Bundesministerin der Justiz a. D. Sie ist Rechtsanwältin und Juristin, zweimal übte sie das Amt der Bundesjustizministerin aus (1992-1996 und 2009–2013), dem Deutschen Bundestag gehörte sie 23 Jahre lang von 1990 bis 2013 an. Sie ist stellvertretende Vorsitzende der Friedrich-Naumann-Stiftung und der Theodor-Heuss-Stiftung. Seit Anfang 2019 übt sie ehrenamtlich das Amt der Antisemitismusbeauftragten des Landes Nordrhein-Westfalen aus. Vor Kurzem wurde sie zur ehrenamtlichen Verfassungsrichterin in Bayern gewählt. Ihre politischen Schwerpunkte sind bis heute die Verteidigung der Grund- und Freiheitsrechte, wenn es sein muss, auch bis zum Bundesverfassungsgericht. Sie erhielt das Bundesverdienstkreuz 1. Klasse der Bundesrepublik Deutschland und den Verdienstorden des Freistaates Bayern sowie einige Datenschutzpreise.

Prof. Dr. **Catrin Misselhorn** lehrt Philosophie an der Universität Göttingen. Zuvor war sie Inhaberin des Lehrstuhls für

Wissenschaftstheorie und Technikphilosophie und Direktorin des Instituts für Philosophie an der Universität Stuttgart. In ihrer Forschung befasst sie sich mit philosophischen Problemen der Künstlichen Intelligenz, Roboter- und Maschinenethik. Sie leitet eine Reihe von Drittmittelprojekten zur ethischen Bewertung von Assistenzsystemen in unterschiedlichen Bereichen, z.B. in der Pflege, in der Arbeitswelt und in der Bildung. Ihr Buch *Grundfragen der Maschinenethik* (erschienen 2018) wurde auf den dritten Platz der Sachbuchbestenliste von Deutschlandfunk Kultur, ZDF und ZEIT gewählt.

Der *Spiegel* nannte **Ferdinand von Schirach** einen »großartigen Erzähler«, die *New York Times* einen »außergewöhnlichen Stilisten«, der *Independent* verglich ihn mit Kafka und Kleist, der *Daily Telegraph* schrieb, er sei »eine der markantesten Stimmen der europäischen Literatur«. Die Erzählungsbände »Verbrechen«, »Schuld« und »Strafe« und die Romane »Der Fall Collini« und »Tabu« wurden zu millionenfach verkauften internationalen Bestsellern. Sie erschienen in mehr als vierzig Ländern. Sein Theaterstück »Terror« zählt zu den weltweit erfolgreichsten Dramen unserer Zeit. Ferdinand von Schirach wurde vielfach mit Literaturpreisen ausgezeichnet.

Zuletzt erschienen von ihm sein persönlichstes Buch »Kaffee und Zigaretten« (2019), der Gesprächsband »Trotzdem« (mit Alexander Kluge, 2020) sowie sein zweites Theaterstück »Gott« (2020).

**Sara von Schwarze** wurde 1968 in München geboren. Als sie zwei Jahre alt ist, konvertieren ihre Eltern zum Judentum und siedeln mit der Familie nach Israel um. Dort wurde Sara von Schwarze zu einer bekannten Theater- und Fernsehschauspielerin. Mittlerweile arbeitet sie auch als Regisseurin und Autorin. Im Cameri-Theater in Tel Aviv inszenierte sie »Terror« von Ferdinand von Schirach. Ihr eigenes Theaterstück »Zwischen den Welten« (zweisprachig: deutsch/hebräisch) wurde in Tel Aviv, Stuttgart und Wien aufgeführt (2012). Darin thematisiert sie Fragen nach Herkunft, Schuld und Emigration.

# Anmerkungen

1 Immanuel Kant, *Kritik der praktischen Vernunft* [1786], AA, S. 88.

2 Prof. Dr. Heinz Barta, »*Graeca non leguntur*«? *Zu den Ursprüngen des europäischen Rechts* (Verlag Harrassowitz).

3 Vgl. zum Folgenden Hans Mathias Kepplinger, Pablo Jost, Martin Wohlrabe, *Strafprozesse unter dem Einfluss von Online-Offline-Medien aus Sicht von Richtern und Staatsanwälten* (2018). Siehe: https://www. kepplinger.de

4 Vgl. Hans Mathias Kepplinger, Thomas Zerback, »Der Einfluss der Medien auf Richter und Staatsanwälte. Art, Ausmaß und Entstehung reziproker Effekte«. In: *Publizistik* (2009) 54. Jg. Heft 2, S. 216-239.

5 Foot (2002), S. 19-32.

6 Vgl. etwa Schild (2016).

7 Unklar ist, ob diese rechtliche Situation im Stück adäquat dargestellt wird, vgl. Schild (2016).

8 Vgl. Teubner (2018).

9 Vgl. Misselhorn (2019).

10 Vgl. Lin (2016), S. 72.

11 Für eine ausführlichere Diskussion dieser Argumente und ihrer Übertragbarkeit auf das autonome Fahren, vgl. Misselhorn (2018).

12  Vgl. Sparrow (2007), S. 67.

13  Vgl. Leveringhaus (2016), Kap. 4.

14  Dieses Argument geht zurück auf Misselhorn (2018).

15  Vgl. Hoffmann (2004), z.B. S. 389 und S. 395.

16  Vgl. Childress (1979), S. 216f. Zu den Schwierigkeiten, die schon bei der Begründung einer Erlaubnis zu töten entstehen, vgl. Eser (2011).

17  Vgl. BVerfGE 115, 118, (160).

18  Vgl. Hilgendorf (2017), S. 155.

19  Eine ausführlichere Diskussion dieser Problematik findet sich in Misselhorn (2018).

20  Vgl. Hobbes (1984).

21  Vgl. Williams (1981).

22  Vgl. Williams (1981), S. 18.

23  Dabei soll sogar ein egoistischer Modus wählbar sein, bei dem im Kollisionsfall grundsätzlich der Schaden für die Insassen minimiert wird, vgl. etwa Kolmar und Booms (2016).

# Quellenangaben

Childress, James F. (1997): Nonviolent Resistance – Trust and Risk-Taking. Twenty-Five Years Later. In: Journal of Religious Ethics 25 (2), S. 213–220.

Eser, Albin (2011): Tötung im Krieg – Rückfragen an das Staats- und Völkerrecht. In: Öffentliches Recht im offenen Staat – Festschrift für Rainer Wahl zum 70. Geburtstag. Hg. von Ivo Appel, Georg Hermes und Christoph Schönberger. Berlin, S. 665–687.

Foot, Philippa (2002): The Problem of Abortion and the Doctrine of Double Effect. In: Philippa Foot: Virtues and Vices and other Essays in Moral Philosophy. Oxford, S. 19–32.

Hilgendorf, Eric (2017): Autonomes Fahren im Dilemma – Überlegungen zur moralischen und rechtlichen Behandlung von selbsttätigen Kollisionsvermeidesystemen. In: Autonome Systeme und neue Mobilität – Ausgewählte Beiträge zur 3. und 4. Würzburger Tagung zum Technikrecht, hg. von Eric Hilgendorf. Baden-Baden, S. 143–176.

Hobbes, Thomas (1984): Leviathan oder Stoff, Form und Gewalt eines kirchlichen und bürgerlichen Staates, hg. und eingel. von Iring Fetscher. Übers. aus d. Englischen von Walter Euchner. Frankfurt a. M.

Hoffmann, Peter (2004): Claus Schenk von Stauffenberg und seine Brüder. Stuttgart.

Kolmar, Martin und Booms, Martin (2016): Keine Algorithmen für ethische Fragen – Technologische Innovationen wie etwa autonome Autos führen zu komplexen ethischen Konflikten, die bisher implizit, situativ gelöst wurden. URL: <https://www.nzz.ch/meinung/kommentare/keine-algorithmen-fuer-ethische-fragen-ld.4483>. Zuletzt abgerufen am 20.12.2019.

Leveringhaus, Alex (2016): Ethics and Autonomous Weapons. Oxford.

Lin, Patrick (2016): Why Ethics Matters for Autonomous Cars. In: Autonomous Driving - Technical, Legal and Social aspects, hg. von Markus Maurer, J. Christian Gerdes, Barbara Lenz et al. Berlin/Heidelberg, S. 69–85.

Misselhorn, Catrin:
– (2018): Grundfragen der Maschinenethik. Ditzingen 2018, 3. Auflage 2019.
– (2019): Digitale Rechtssubjekte, Handlungsfähigkeit und Verantwortung aus philosophischer Sicht, VerfBlog, 2019/10/02, https://verfassungsblog.de/digitale-rechtssubjekte-handlungsfaehigkeit-und-verantwortung-aus-philosophischer-sicht/, DOI: https://doi.org/10.17176/20191002-112457-0. Zuletzt abgerufen am 20.12.2019.

Nyholm, Sven und Smids, Jilles (2016): The Ethics of Accident Algorithms for Self-driving Cars - An Applied Trolley Problem? In: Ethical Theory and Moral Practice 19 (5) S. 1275–1289.

Schild, Wolfgang (2016): Verwirrende Rechtsbelehrung. Zu Ferdinand Schirachs »Terror«. Berlin.

Sparrow, Robert (2007): Killer robots. In: Journal of Applied Philosophy 24 (1), S. 62–77.

Teubner, Gunther (2018): Digitale Rechtssubjekte? Zum privat-
    rechtlichen Status autonomer Softwareagenten, in: Archiv
    für die civilistische Praxis (AcP), Heft 2–4, S. 155–205.
Von Schirach, Ferdinand (2014): »Terror«. München et al.
Williams, Bernard (1981): Persons, character and morality. In:
    Bernard Williams: Moral Luck. Cambridge, S. 1–19.

 Dieses Buch ist auch als E-Book erhältlich.

Penguin Random House Verlagsgruppe FSC® N001967

2. Auflage
Originalveröffentlichung November 2020
Copyright © 2020 btb Verlag
in der Penguin Random House Verlagsgruppe GmbH
Neumarkter Str. 28, 81673 München
Covergestaltung: buxdesign, München/Ruth Botzenhardt
Satz: Uhl + Massopust, Aalen
Druck und Einband: GGP Media GmbH, Pößneck
Klü · Herstellung: sc
Alle Rechte vorbehalten.
Printed in Germany
ISBN 978-3-442-71959-4

www.btb-verlag.de
www.facebook.com/btbverlag